1m Walking Diet

1m ウォーキング・ダイエット

デューク更家
DUKE SARAIE

講談社

はじめに

「すべての女性をウォーキングで美しくするのが僕の夢です」

デューク流ウォーキングで、すべての女性たちを美しくしたい。それが僕の夢です。

その夢は1993年に大阪で小さなウォーキング教室を開いた時から、東京、大阪、広島、仙台に教室を持ち、全国各地にたくさんの生徒がいる現在に至るまでまったく変わっていません。


ウォーキング教室を始める前は、プロのモデルのトレーナーをやっていました。しかしトップモデルになれるのは、ほんの一握りの人たちです。モデルに向いてない人にまで厳しいレッスンを続けることが、本人のためになるのか？　と教える僕もジレンマにおちいり、精神的に辛くなってしまったのです。

そんな時に、普通の女のコをモデルに変身させるという企画に参加しました。プロになるわけでもない素人の女のコなので、僕はさほど期待もしていませんでした。しかし2日間、徹底的にレッスンをしたら彼女は見る見る変わっていったのです。彼女はウォーキングをやってキレイになれて楽しかった、と泣いて喜んでいました。同時に、僕も普通の女のコが持っている美しさを引き出すことの達成感、充実感、そして幸福感を初めて体験したのです。そして今では、ウォーキング教室の生徒たちと一緒に、毎日そんな達成感を味わっています。女性たちが美しく変わっていく場面に立ち会える僕は、なんて幸せ者なんでしょう！

そんなふうにして10年間、生徒たちに教えてきたウォーキング理論&実践の集大成がこの本です。ウォーキングの動きが、ちょっと難しく思えるかもしれませんが、最初は見よう見まねでＯＫ！　ちょっとくらい間違っても気にしない！　できないウォーキングはやらなくても大丈夫！　デューク流ウォーキングは、楽しくなくっちゃダメなんです。楽しくウォーキングをやってキレイになって、元気になれる。それが大切。

この本を手に取ってくれたあなたも、僕が絶対にキレイにします！　さあ一緒に始めましょう。

デューク更《さら》家《いえ》

目次

CHAPTER4
腹筋エクササイズ

「美しくやせる」秘密がここにある

デューク更家ダイエット理論

やせるために必要な要素がすべてつまった
ダイエットウォーク。
デューク更家が独自の理論を初めて公開！

ウォーキングでつくる
ゴージャスなボディ

エレガントでスリムな体をつくる

デューク流ダイエットウォークは、1メートルのスペースさえあれば、誰もがいつでもどこでも実践できて、手軽にやせられる、画期的なウォーキングです。しかも単にやせるだけでなく、体を引き締めて女性らしく体の美しいボディラインをつくることができるのです。

星の数ほどあるダイエット本は、やせるということについて様々な方法をアピールしていますが、やせることに囚《とら》われて、女性らしい体つきという概念を無視しているような気がしてなりません。ジムでの筋肉トレーニングは、体は締まりますが、硬く強い筋肉がつきすぎて女性らしい丸みが失われます。そしてエアロビクスに代表される、体に酸素を取り込む有酸素運動は、脂肪を燃やして体重は落ちます。でも胸やお尻までがペッタンコになり寸胴《ずんどう》な体になってしまうのです。さらに最近人気のストレッチは、体の基礎代謝を高め、歪《ゆが》みを矯正《きょうせい》する効果がありますが、それ以上に身体能力を伸ばすことはできません。食事制限に至《いた》っては、体重は減っても相当なストレスがあります。どの方法も何かが足りない、という感じです。

ダイエットウォークは、基本的な脚の動きに、体の外側、内側のいろいろな筋肉を刺激する動きをプラスして、効果的にやせるウォーキングです。

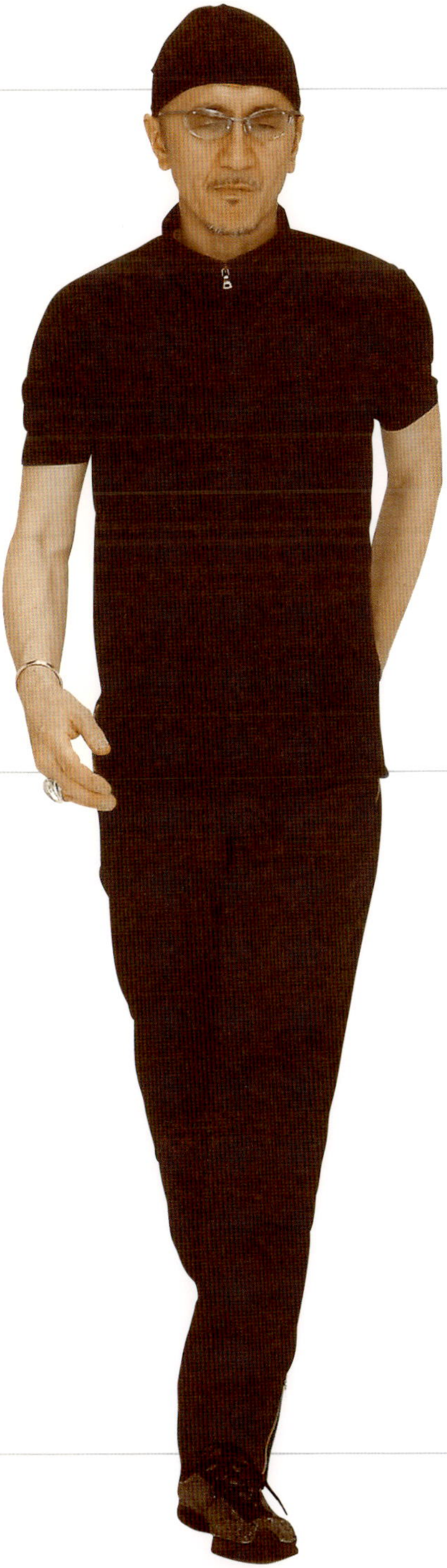

呼吸方法も胸を開いて深く息を吐くという無酸素運動。そしてテレビでもお馴染《なじ》みの一見コミカルに見える動きは、体の筋肉を伸ばし、骨格を正しく矯正するというストレッチの要素を含んでいます。女性らしい体つきを損《そこ》なわない筋肉トレーニング、エアロビクスの体を動かす楽しさ、体の基礎代謝を上げるストレッチ。そんないいところだけを集めたのが僕のダイエットウォークなのです。

体に元気を与えるウォーキング

ウォーキングでやせるというのは、もちろん大事ですが、それにプラスして元気になれるということも大切です。ウォーキングを毎日続けることにストレスを感じてしまったらそれは、失敗です。最初から完璧にやろうとしなくてもＯＫ！　まずは見よう見まねでいいのです。うまくできないウォーキングはやらなくてもいい。自分にもできそうなウォーキングを１日１種類、１メートルでもいいから毎日続けられれば確実に体は締まります。

僕は女性が１００人いたら、１００通りの美しい体があると考えています。太っていてもやせていても、締まるところが締まって、出ているところは出ている。それぞれの体型と個性を生かした、美しくゴージャスなボディが理想なのです。

ボーンコンシャス

が美しさの新基準

骨をイメージしてダイエット

ボーンコンシャスとは、簡単に言えば骨格美人になろう、ということです。直線的である骨は、バストやヒップなどの柔らかな曲線部分とは異なった、知的な官能性が存在するのです。それは鎖《さ》骨《こつ》や腰骨《こしぼね》の美しさを思い浮かべてもらうとイメージしやすいと思います。ムダな脂肪を脱ぎ捨てて、美しい骨をアピールしてやせることが目標です。

最近、やせた自分をイメージしてダイエットするというイメージダイエットが話題を集めましたが、僕はこの方法に賛成です。イメージするというのは人間の持つ能力のなかで、非常に重要なものだと思います。ただ小さい頃からぽっちゃりしていて、やせた自分を想像しにくい人、自分の理想のボディをうまくイメージできない人も多いと思います。でも美しい骨格をイメージするのは簡単です。昔、理科室にあった骸骨《がいこつ》の標本を思い出してください。人間の骨は、太っていようがやせていようが、形や本数は誰もが一緒なのです。バランスの整った美しい骨格をイメージするのが、ボーンコンシャス成功の第一歩なのです。

歪みのない骨格が理想的

理想的な骨格とは、体の左右のバランスがとれていて歪みがないことです。上半身の美しさは、鎖骨に対して肩の骨が前に出ていないこと。そして背骨は、S字のゆるやかなカーブを描いているのが理想的です。そして下半身シェイプに重要な役割を果たす大切な骨が骨盤《こつばん》です。骨盤は、肋骨《ろっこつ》に対して左右が水平で、キチンと立っているのが正しい位置です。背骨が曲がって姿勢が悪くなると骨盤は寝てしまうのです。

骨格の歪みは体に負担をかけて体全体のラインを崩《くず》し、脂肪をつけてしまうのです。キレイな骨格をつくれば、その骨のまわりにつく筋肉、脂肪は必然的に整って、やせられるものなのです。

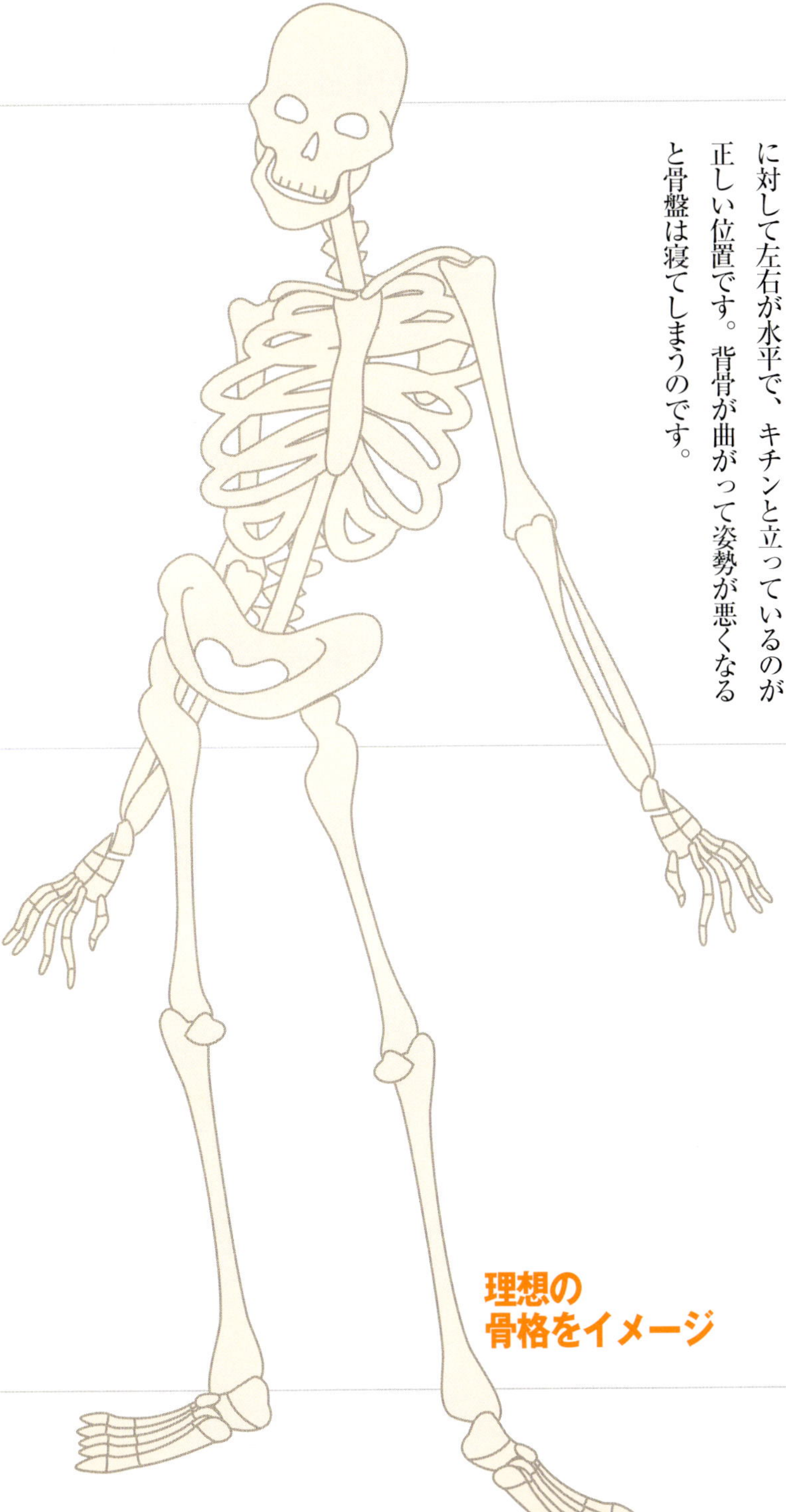

理想の骨格をイメージ

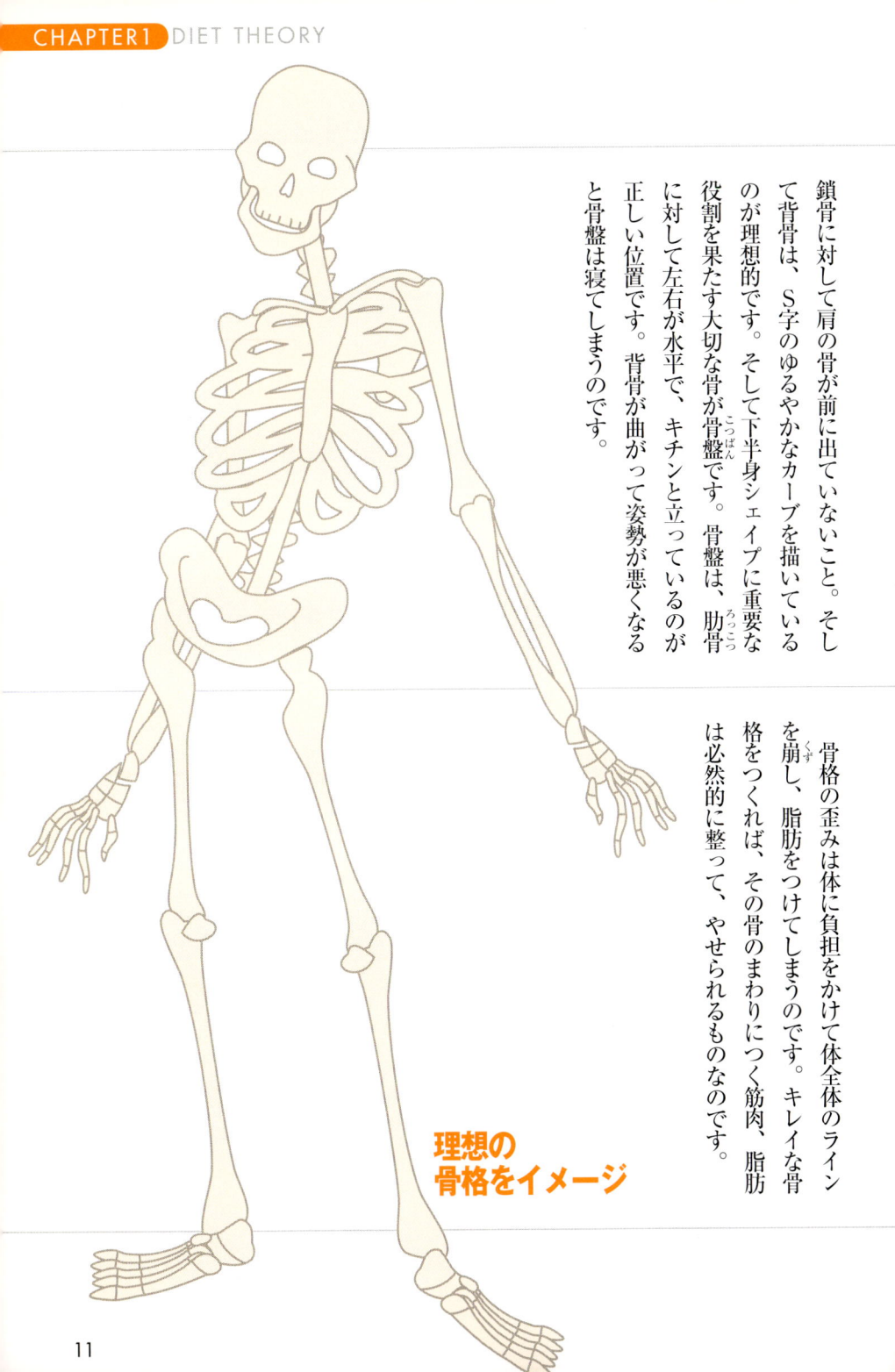

美しい骨＝身体感覚を研ぎ澄ます

骨格を美しくするには、身体感覚を目覚めさせなければなりません。身体感覚とは、自分の思うままに体を動かすコツを体で感じる、ということです。身体感覚を目覚めさせることで、やせてより美しく見える骨格と筋肉、そして自分の体の使い方がわかってくるのです。

ウォーキングのコツをつかもう！

デューク流ダイエットウォークを初めてやると、大抵《たいてい》の人はうまくできません。僕の動きを目で見て、頭ではわかっているのに、いざやってみると体が全然ついていかない。なんかおかしいぞ！　と思う人が大多数なのです。これは頭と体がうまくつながっていないために起こるのです。つまり自分の身体感覚が、つかめていないということです。でも、毎日ウォーキングを続けていると、徐々《じょじょ》に動きがスムーズになっていきます。そしてある日、「このウォーキングは今、この筋肉に効いているんだ！」とわかる瞬間があります。これがウォーキングのコツをつかんだということです。コツをつかんだら、体は自然にシェイプアップされていきます。

「コツをつかむ」のコツはもともと骨の意味です。言葉自体の意味は、物事のポイントをつかむということです。昔の人は、骨がとても大切なものだと知っていたのです。

さらにダイエットウォークだけでなく、日常生活の中でも、体の使い方のコツをしっかりつかむことで、健康的でハツラツとした女性になれると僕は思っています。

「ええかげん」にやろう

僕はよくウォーキングのレッスンで生徒たちに「ええかげんに、やりや」と言います。けっしてテキトーにやれと言っているわけではありません。「いい感じにやってね」と言っているのです。いい感じとは、自分の体にあったさじ加減ということです。このさじ加減がわかることが、実はコツをつかむことであり、身体感覚を獲得したということなのです。

内部の筋肉と神経を連結させる

身体感覚を高めるには、体の内部の筋肉と神経を連結させるエクササイズが必要です。僕の提唱するダイエットウォークやオリジナルのストレッチ、腹筋は、身体感覚を目覚めさせ、高める。そしてやせやすい体を作る動きなのです。

ボーンコンシャスをつくる動きは、特に背骨を意識します。背骨にパワーを送り込むことで、体の中に中心線ができて、骨にもしっかり呼吸が送り込まれている感覚が大事です。無機質な骨ではなく、内側から体を支えるパワーを持ったイキイキとした美しい骨をイメージすることも必要です。

そして大切なのはかかとの骨。かかとの骨は、体の中で唯一地面についている骨でもあります。デューク流ダイエットウォークでキレイのパワーをかかとの骨から入れる、そんなイメージを常に持つことが美しさにつながっていくのです。

ボーンコンシャス・エクササイズ

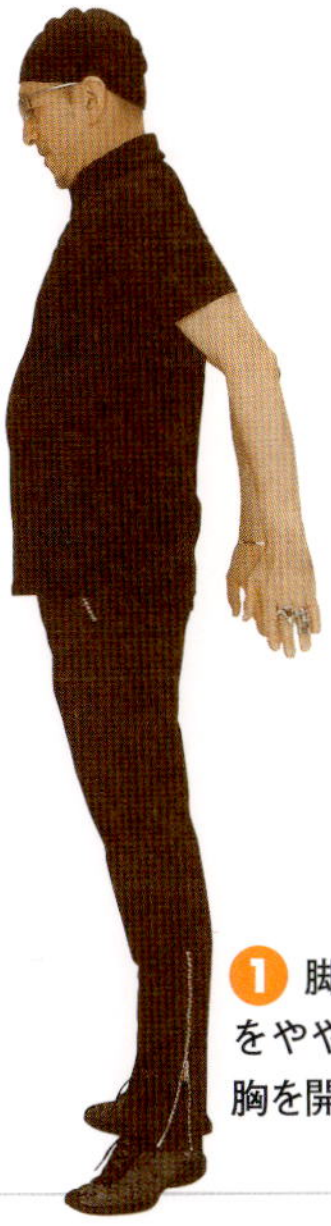

❶ 脚を肩幅に開き手をやや後方に引いて、胸を開いて息を吐く

❷ 両腕を前側に持ってきて、呼吸を整える。背骨を意識する

❸ 思いっきりかかとを上げ、背中を反らす。腕は後ろに伸ばす

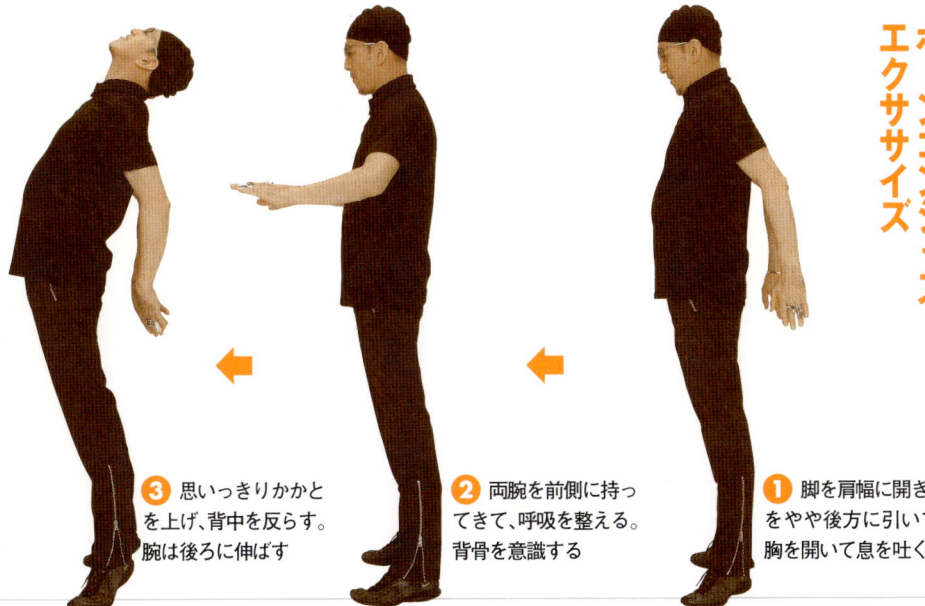

深部筋を鍛えて体を内側からシェイプ

体の奥にある深部筋《しんぶきん》の存在を知ろう

筋肉にはいくつか種類がありますが、効果的にやせるためには、骨格筋を意識しなくてはいけません。骨格筋は名前のとおり、人間の骨格をつくる筋肉で、体の外側についている表層の筋肉（アウターマッスル）と、その内側に幾層《いくそう》にも重なっている深部筋（インナーマッスル）から構成されています。骨格筋は、随意筋《ずいいきん》とも呼ばれ、自分の意思で動かしたり鍛《きた》えたりすることができます。ボディビルダーが鍛えているような筋肉は、体の外側の大きな筋肉、つまり表層筋《ひょうそうきん》です。表層筋は、鍛えなくても日常の生活のなかで無意識のうちに動かしていることが多い筋肉です。

一方、深部筋は、日常の動作では意識して動かさない限り、ほとんど動きません。そして意識して鍛えないと、どんどん衰《おとろ》えて、体の中から老化していくのです。

身体感覚を目覚めさせるには、筋肉と神経をつなげることが大切です。具体的には、骨についている筋肉、つまり体の奥のほうにある深部筋を刺激し、鍛えるエクササイズが必要です。それは同時にやせやすい体をつくることにつながります。

中半身を意識してナイスバディに

深部筋は全身に分布していますが、中でも特に重要なのが、上半身と下半身をつないでいる中半身にある深部筋です。中半身というのは僕がつくった造語ですが、ウエストから脚の付け根までの部分をイメージして欲しいと思います。この中半身にある主な深部筋は、大腰筋《だいようきん》、腸骨筋《ちょうこつきん》、恥骨尾《ちこつび》骨筋《こつきん》、内転筋《ないてんきん》です。深部筋は薄い膜のような筋肉です。体を強くするというよりも、内側からしなやかでスリムな体をつくってくれるのです。

中半身の深部筋の大きな働きは、姿勢を正しくキープして、骨盤をやや前傾の正しい位置に立てることです。この大腰筋と腸骨筋がゆるんだり、衰えたりすると姿勢が悪くなり、骨盤も歪んで、お腹《なか》に脂肪がつきやすくなるのです。恥骨尾骨筋と内転筋は、骨盤を支え、太ももの筋肉群につながっているので、刺激することによって脚やお尻が締まってきます。これらの深部筋を鍛えることで、美しい骨格を保つことができます。姿勢が悪くなることに付随する体の歪みや、歪みによって負担のかかった部分につくムダ肉が深部筋の活性化によって、体の内側からシェイプされます。

このように深部筋は、あまり知られていない存在なのですが、とても大切な筋肉なのです。

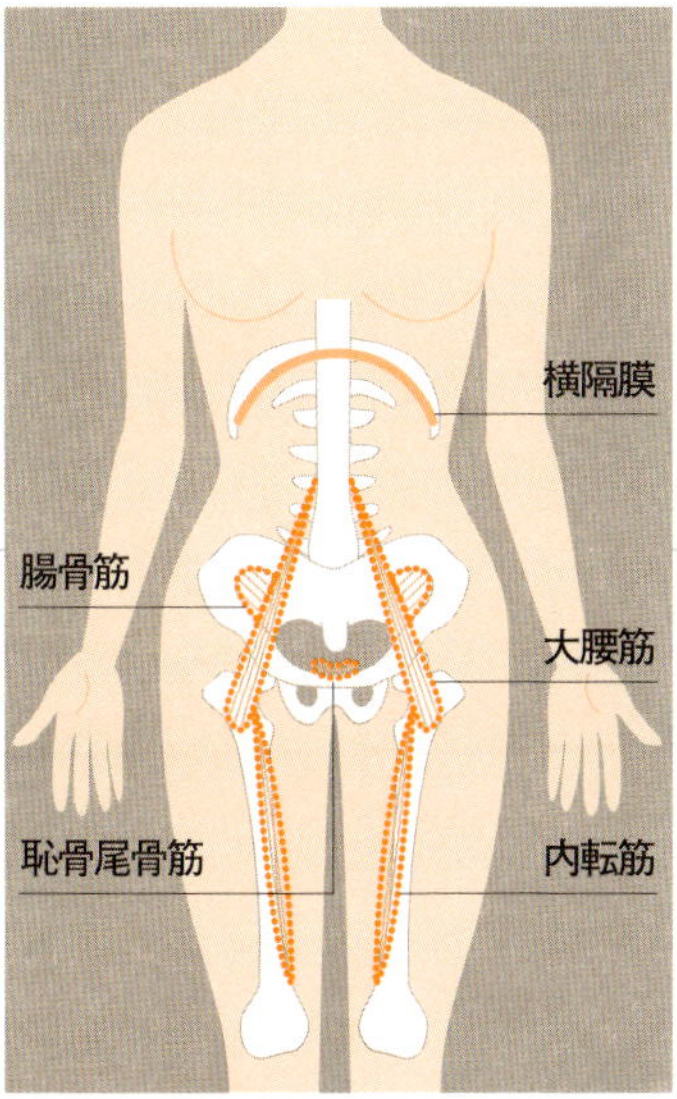

中半身の大切な深部筋群

複合関節運動で深部筋を刺激

やせやすい体をつくるためのキーポイントになっている深部筋。その深部筋を活性化させるためには、複合関節運動という、筋肉の様々な部分を同時に動かすエクササイズが効果的です。僕のウォーキングや腹筋、ストレッチは複合関節運動になっています。これはしなやかな深部筋をつくるために考えられた動きなのです。

ただ表層筋と違って、深部筋は目に見える形で鍛えられたり、すぐに変化が現れるものではありません。体の奥から徐々に変化していくのです。でも2週間を目安に体にも目に見える変化が出てきます。まずクビレが現れてきます。姿勢がよくなって、歩き方もスピーディでスムーズになります。そして体の内側から確実にやせていきます。ただエクササイズをやっているだけではダメ。自分の体を日々しっかり観察して、変化にいち早く気づくことも大切です。

深部筋を刺激するエクササイズをやる前に意識

深部筋ストレッチ

❶ 体を正面に向け、背骨を真っ直ぐ伸ばす。脚は肩幅よりやや広め

❷ その姿勢のまま、腰を落とす。膝《ひざ》は直角で、つま先は外側

❸ 落とした腰をさらに床に近づけるようにできる限り下げる

したいのが、ウエストから脚の付け根の部分の中半身です。正しい姿勢、歩き方、身のこなしなどに影響を与える大切なパーツ。上半身や下半身とは違い、中半身を動かすのは難しいのです。

バレリーナと力士に注目！

中半身と、深部筋を使う動きの代表的なものは、バレエと相撲《すもう》です。美女が華麗に踊るバレエと、太った男たちが土俵で闘う相撲。対極にあるようですが、根本の動きは一緒なのです。股割《またわ》りと呼ばれる力士の闘いの前の体勢と、両足のつま先を180度に開き立つバレリーナの姿勢は、脚の付け根から大腿骨《だいたいこつ》につながっている深部筋の内転筋を強くする動きなのです。そしてこの動作は、股《こ》関節《かんせつ》が柔らかくないと上手にできません。深部筋である大腰筋は、背骨から大腿骨までつながっているので、股関節を開くことによって、大腰筋などの深部筋が刺激されるのです。僕のオリジナルストレッチで、バレエと相撲の動きに似ているものがあるのには、そんな理由があるのです。

4 そしてまた腰を上げ、姿勢を戻す。上下運動は10回を目安に

5 さらに腰を上げて足を固定した状態で、体を内側に縮める

6 そして一気に、体を左右に押し開く。股の開閉は10回が目安

リンパの巡りがいいと美人になれる

リンパは老廃物を運ぶ役割

リンパとはリンパ管と、その中を通っているリンパ液の総称です。リンパ管は毛細血管から染《し》み出た老廃物《ろうはいぶつ》や体液が通る道筋。リンパ管は血管と同様に、全身に張り巡らされています。そして血管のすぐそばにあって、血管の収縮と連動してリンパ管もリンパ液を流しているので、血行が悪くなるとリンパも滞《とどこお》ります。これがむくむ、という状態です。むくみは特に下半身に顕著《けんちょ》に現れます。むくみはその日のうちに解消しておかないとダメ。放っておくと、慢性的なむくみ体質になってしまいます。また冷え性、睡眠不足、ストレスなどでもリンパの巡りが悪くなることもあります。

リンパの流れを滞らせることは、体の中に老廃物を溜《た》め込むということです。リンパがドロドロなんて、想像しただけで怖い。リンパがうまく流れれば、やせやすい体になり、顔色や肌のつやもよくなります。リンパが巡るということは、つま

下半身のリンパ節分布図

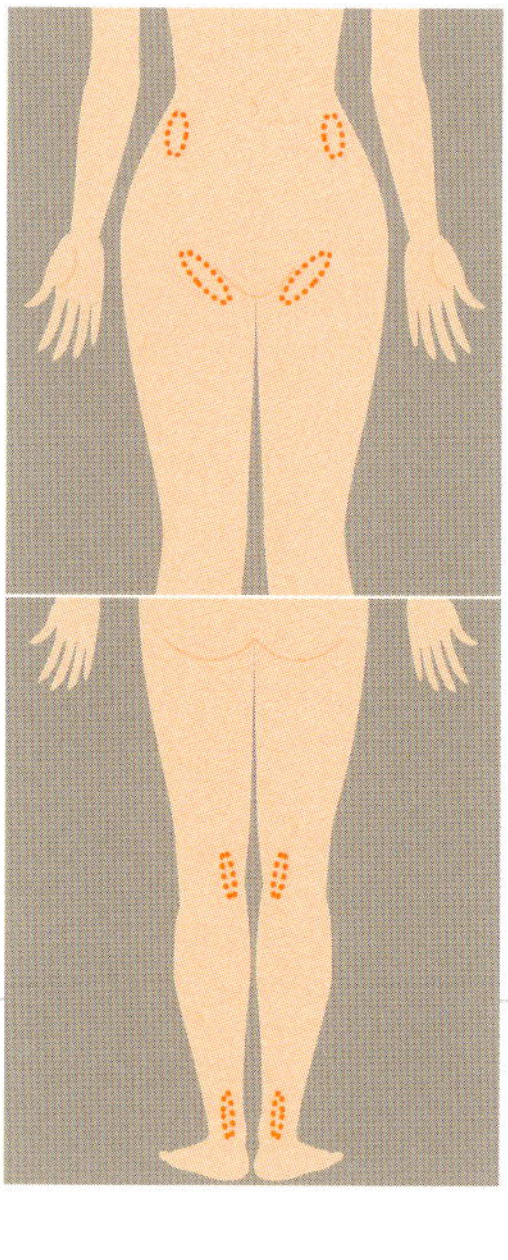

り美人になることです。

リンパ節を刺激してむくみを解消

リンパは体中にあるのですが、あらゆるリンパの合流地点をリンパ節といいます。このリンパ節は鎖骨、脇《わき》の下などにもありますが、むくみの原因になっている下半身のリンパ節が大切です。下半身の主なリンパ節は、腰骨周辺、脚の付け根の鼠頸《そけい》部、膝の裏、足首にあります。優しく引っかいたり、弾《はじ》いたりという刺激が効果的です。

リンパとウォーキングの相乗効果

ウォーキングで血行がよくなると、リンパの流れもスムーズになります。そしてリンパをスムーズに流すことは、老廃物を溜めないようにして、体の基礎代謝も上げ、やせやすい体を作ることでもあります。それはさらにウォーキングによるダイエット効果もアップさせるということなのです。

みなさんもウォーキングで、リンパをサラサラに巡らせて、健康的なスリム美人になりましょう。

リンパ節を刺激するエクササイズ

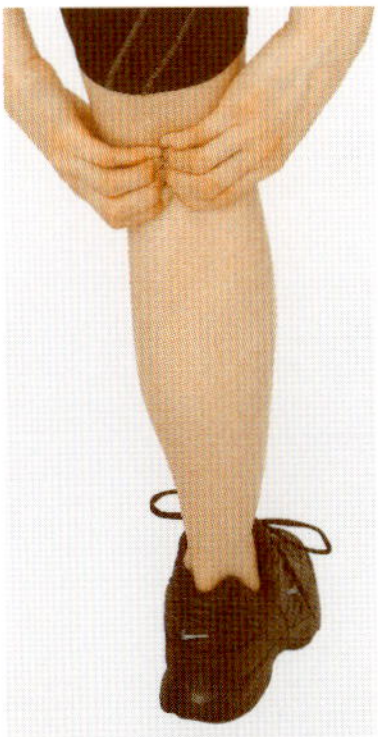

❶ 脚を開き、片脚を伸ばした状態で、ふくらはぎの上から、膝裏まで、下から上に押す

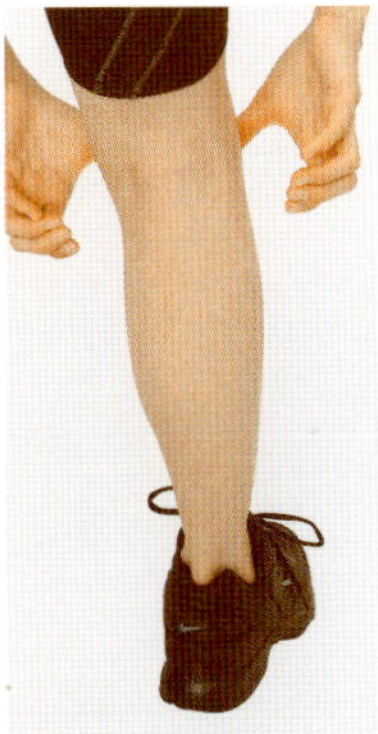

❷ 脚を押さえていた指を弾くように、勢いよく離す。片脚10回ずつ繰り返す

中心線を体につくって美しい体型をキープ

ボディバランスを整える

体の左右のバランスがとれている人ほど、美しく見えます。しかしほとんどの人が、歩き方、立ち方、座り方など日常の動作のクセが影響して、骨格が歪んでいるものなのです。そこでまず自分の体を見つめなおすことが大切です。

一体どこが歪んでいるのか？　自分自身ではなかなか気づかないものなのですが、実は自分の着ている洋服をよく観察するとわかってきます。ジーンズのサイドラインがどちらかの脚だけ、ねじれて前のほうにずれてくる、ジャケットのいつも同じ部分がシワになる、キャミソールの肩ヒモが片方だけ落ちてくるなどなど。これは洋服の縫製《ほうせい》やデザインが悪いのではなく、着ている人のボディバランスが悪いのです。洋服に体がついていってないということなのです。どんな洋服を着ても似合わない、という人も自分のボディバランスを疑ってみてください。しかしまだ洋服に支障《ししょう》が出るくらいならいいのですが、歪みは放っておくと、体に痛みを感じるようになってきます。ここまで来てしまうと、ダイエットウォークどころではありません。ウォーキングでかえって歪みを悪化させてしまうこともあるので、注意してください。自分の洋服がヘンだぞ、というところで、体の歪みに気づくことが大切。この段階なら、まだまだボディバランスを矯正することが可能です。

体に中心線をつくる

ボディの歪みは、その周辺の筋肉や脂肪をアンバランスにしてしまいます。つまりその部分が不《ぶ》恰好《かっこう》に太くなってしまうのです。スッキリとしたスリムなボディをつくるためには、体の歪みをとることが先決なのです。

ボディバランスの歪みを矯正するためには、体に中心線をつくることが大切。頭の先から、指先、足先にいたるまで、ピシッと1本の線が通っているように体が左右対称で真っ直ぐになる、それが理想です。この中心線ができると姿勢がよくなり、歩き方もキレイになってきます。さらに中心線をつくることで、身体感覚も高まって、ウォーキングなどの動作にもキレが出て、やせる効果がアップします。さらに肩こり、腰痛などにも効果があります。やせやすい体をつくるためにも、ウォーキングの前に必ず中心線をつくるエクササイズをメニューに加えて、毎日やってください。

中心線をつくるエクササイズ

❶ 背骨を伸ばして真っ直ぐに立つ。つま先は直角に開く

❷ 両腕をクロスして手のひら同士を合わせて頭上に伸ばす

❸ 頭上で7秒ほど静止して、ゆっくり腕を下ろす

❹ 体の中心線を意識して背筋を真っ直ぐに伸ばして終了

仙骨をスッと立てて効果的にシェイプ

仙骨《せんこつ》は体のアンテナ

ボーンコンシャスや中心線、深部筋、もちろんウォーキングの項でも僕は中半身、中半身と口が酸《す》っぱくなるくらい言っています。でもこんなに大事な要素がつまった中半身なのに、その存在を意識している人が少ない。中半身を常に意識してエクササイズ、ウォーキング、そして日常の動作などに注意を払うと、体は驚くようにスリムに変化していきます。その中半身の中でも仙骨は、とても大切な役割を持つ骨なのです。

仙骨は、お尻の真下、尾骨《びこつ》の上にある骨です。骨盤と背骨がつながっているところ、ウエストとお尻の境界線のあたりになります。まさに体の中心に位置している骨なのです。この仙骨を立てることによって骨盤も真っ直ぐに立つ。骨盤が立つと姿勢もよくなる、姿勢がよくなれば、骨の歪みの周辺についたムダ肉もシェイプされる。仙骨は、

仙骨

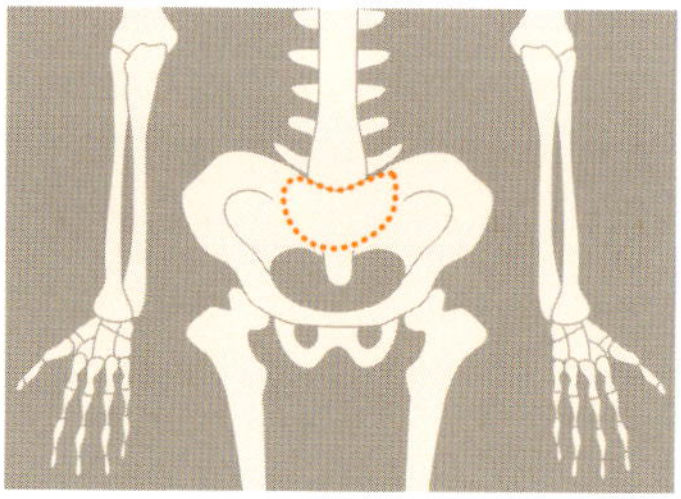

体をよい方向に導いてくれるアンテナのような存在なのです。

骨盤が歪むことによって、体には様々な不調が起こります。まず骨盤が歪むと、姿勢が悪くなる。そのことによって、肩こりや腰痛になります。さらに背骨の横を通る交感神経にも影響が出て、自律神経の乱れや代謝が低下する人もいる。そこで仙骨を立てると骨盤も立つ、そして骨盤が立つことによって、体の歪みからくる冷え性や、生理痛などの不調も緩和《かんわ》することができます。

仙骨を上手にイメージする

見たことのない自分の仙骨はイメージしにくいかもしれませんが、仙骨を立てる、と頭で考えてもうまくいきません。仙骨がキュッと立って、骨盤がシュッと締まる。さらに背骨がビューンと伸びて、姿勢もバシッと決まる。そして体がグッと締まる。仙骨、仙骨と考えすぎないで、体が骨からキレイになっていく様子を思い浮かべれば成功なのです。

仙骨を立てるエクササイズ

❶ 中腰の姿勢で、両脚のかかとをつけ、左右の膝をくっつける

❷ 膝を手で3回押し開き、体をそのまま引き上げて3秒静止

❸ 仙骨を立てる感覚でお尻とかかとを垂直にして、真っ直ぐ立つ

INDEX

この悩みにはコレが効く

デューク流ダイエットウォーク、ストレッチ＆腹筋は、シェイプアップだけでなく、
冷え性や肩凝りなどの体の悩みにも効果的！
毎日続けてスリムとヘルシーを手に入れてください。

猫背	胸張りウォーク P32	アコーディオンウォーク P54	リズムクロスウォーク P58	引きあげウォーク P70
体の歪み	トルソーウォーク P56	大転子おしこみ P75	プロポーション腹筋 P87	背泳ぎ腹筋 P91
肩こり	ペリカンウォーク P42	肩回しウォーク P44	肩ひねりウォーク P48	
腰痛	アコーディオンウォーク P54	トルソーウォーク P56	引きあげウォーク P70	水平バランスキック P76
便秘気味	ウエストひねり P77	骨盤エクササイズ P85	V字上半身ひねり P89	
足のむくみ	ベーシックウォーク P28	脚あげウォーク P62	片足タップ P72	
冷え性	ベーシックウォーク P28	肩回しウォーク P44	骨盤エクササイズ P85	
代謝が悪い	ベーシックウォーク P28	水平バランスキック P76	水くみスクワット P78	
O脚	大転子おしこみ P75	バレリーナストレッチ1 P80	バレリーナストレッチ2 P81	
風邪を引きやすい	胸張りウォーク P32	リズムクロスウォーク P58	引き上げウォーク P70	
体脂肪が多い	トルソーウォーク P56	水平バランスキック P76	水くみスクワット P78	
生理痛	骨盤エクササイズ P85	プロポーション腹筋 P87		
胃腸が弱い	ウエストひねり P77	骨盤エクササイズ P85	プロポーション腹筋 P87	V字上半身ひねり P89
血行が悪い	水平バランスキック P76	水くみスクワット P78		

1mあればOK！ 部位別にやせる！

ダイエットウォークレッスン

やせたいパーツをググッと締めて、
女性らしいメリハリをつくるダイエットウォーク。
1メートルのスペースさえあればOK。
5歩以上歩くだけで誰もがナイスバディに！

ベーシックウォーク

1mウォークを毎日続けてメリハリボディ

デューク流ダイエットウォークは、1メートルのスペースがあれば誰でも簡単に実践できて、無理なくやせられる、というのが大きな特徴です。筋肉や関節の動きが計算しつくされているので、短時間・短距離のウォーキングでムダな肉を確実に絞ることが可能なのです。

まずは、1日1種類のウォーキングを5歩から10歩くらいやってみてください。部屋が狭くても3歩歩いて、また戻る、という動きを自分の体力に応じて繰り返せばOK。毎日続ければ、必ず2週間くらいで効果が現れます。

実際にやってみてうまくできないウォーキングはやらなくても大丈夫。おおらかな気持ちでやるのが長続きのコツ。慣れてきたらウォーキングの種類や距離を増やしていきましょう。

すべての基本になっているのが、ベーシックウォークです。このベーシックウォークに、やせたい部位別に効く上半身から中半身の動きを、プラスしているのがデューク流ダイエットウォークなのです。

　ですから、まず最初にベーシックウォークをしっかりマスターすることが、大切です。このベーシックウォーク自体にも脚やせ効果があるので、ぜひ正しい脚運びを覚えてください。ベーシックウォークとそこにプラスされている上半身から中半身の動作は、複合関節運動と呼ばれる動きになっています。

　複合関節運動とは、様々な筋肉と関節を組み合わせて動かす運動です。筋肉には、体の外側についている表層筋《ひょうそうきん》と、骨のまわりについている深部筋《しんぶきん》があります。この2種類の筋肉を刺激することが、メリハリボディをつくるために必要なのです。それに最も適しているのがこの複合関節運動、すなわちデューク流ダイエットウォークなのです。

　女性のボディラインは出るところは出て、締まるところは締まっているのが理想。そんなゴージャスなボディを僕と一緒につくっていきましょう。

脚やせ効果のある基本の脚運び

1 背筋を真っ直ぐに伸ばす。脚だけを動かすのではなく、腰から歩く感覚が大切。脚をクロスさせるように前に進んでいくのがポイント

通常の美しいと言われる歩き方（1本の線上を歩く）とは違い、1本の線を越えるように脚をクロスして歩く

ベーシックウォークは、脚やせに効果バツグン！踏み出した脚は、内側の筋肉を意識して動かして脚やせ効果アップ。さらに軸脚《じくあし》は、太ももの裏側を伸ばすようにすると、ヒップアップも期待できるから、正しい脚運びをマスターしてね。

2 踏み出した脚は、かかとから着地して、その後につま先をつける。その時、つま先はやや外側に向けるように。歩幅は20㎝ぐらいを目安にして

3 1歩踏み出した時に、逆の脚は、なるべくつま先を最後まで残すように歩く。その時、ふくらはぎを締めることを意識するとより効果的

バスト

しなやかな大胸筋と横隔膜呼吸で女らしいバストに

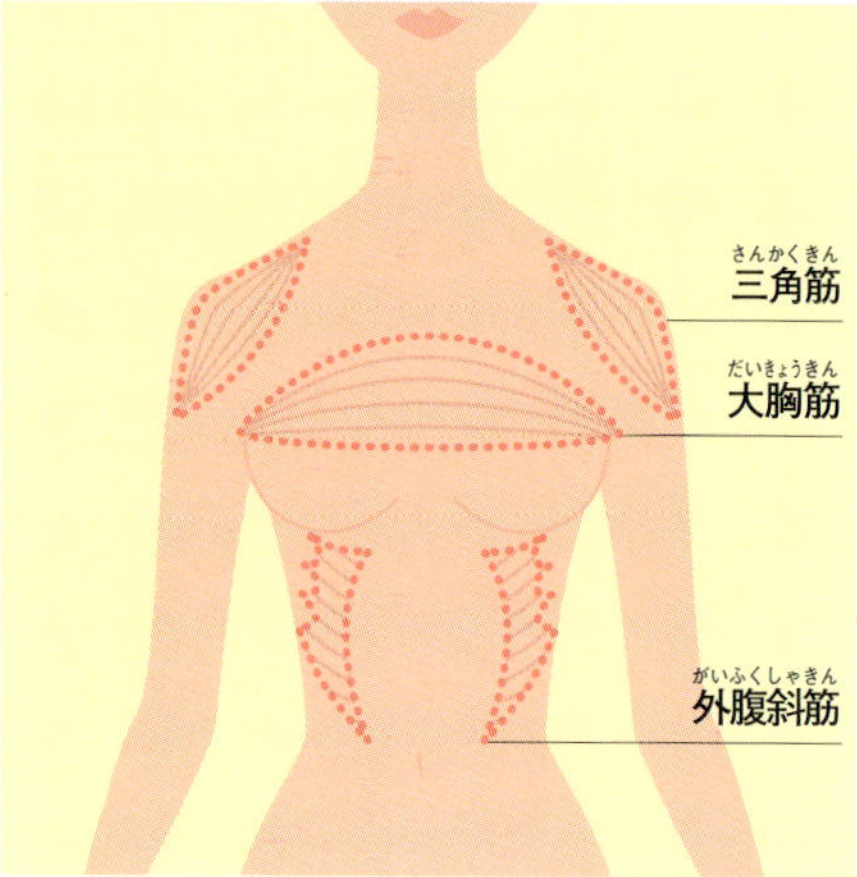

女性らしいボディラインと聞いて、真っ先に思い浮かぶのは、柔らかなバスト。女性の一番の魅力がつまったパーツと言っても、言い過ぎではないと思います。

女性のバストは95%が脂肪で構成されているので、筋肉を鍛《きた》えないと重力の法則にしたがって、垂れてきます。そのバストを支えているのが大胸筋です。大胸筋を強くしなやかにすることで、バストはかっこよく上向きになります。さらに外腹斜筋を鍛えるとアンダ

ーバストがスッキリしてより美しいバストラインがつくれます。

しかしウェイトを使った筋肉トレーニングやエアロビクスなどの有酸素運動では美しいバストはつくれません。過剰な筋肉トレーニングは体の外側についている筋肉を硬くしてしまい、女性らしいラインを奪ってしまいます。有酸素運動は、体脂肪を燃やすのには効果的ですが、やりすぎると大切な胸の脂肪まで燃やして、ペチャンコな胸もとになってしまうのです。

バストアップのためには、しなやかな筋肉をつくるウォーキングと、横隔膜《おうかくまく》を使った強く深い呼吸が必要です。さらに日頃から姿勢をよくし、胸もとを開くイメージを持つことが、美しいバストづくりに有効です。

胸張りウォーク

胸もとをグッと開いて バストアップ

1 右脚を踏み出しながら、背筋を伸ばす。両手を肩まで上げ、肩を後方に引っ張るような形で胸もとを反らす。この時「ハッ」と息を強く吐く

ココに効く！

FRONT

BACK

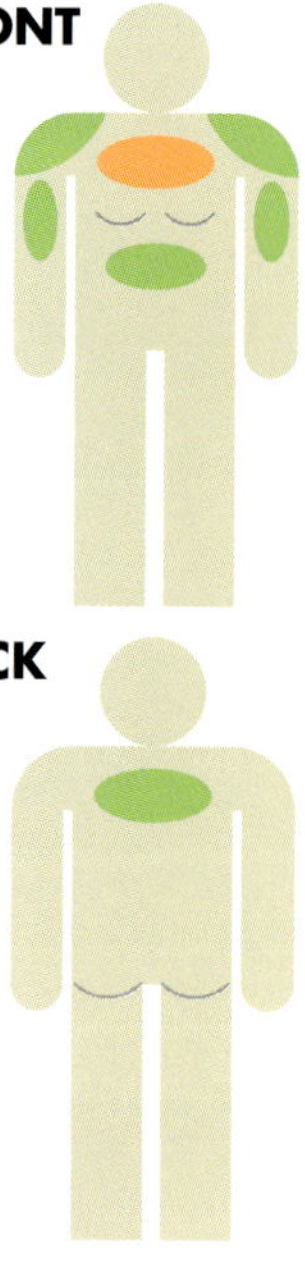

特に効く部分

効く部分

背中をキレイに丸めて

Duke's Advice

胸の上側にある大胸筋を効果的に使うためには、背中を丸める、伸ばす、という動作のメリハリが大切。丸める時はみぞおちをたたみ込むように、伸ばす時はみぞおちを突き出す気持ちでやるとうまくいくよ。横隔膜がキチンと使われている深い呼吸は、

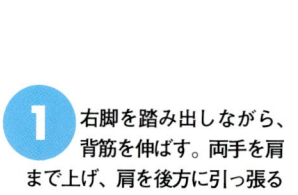

2 左脚を踏み出すと同時に、みぞおちをたたみこむように背中を丸める。手は胸を包み込むように内側に入れる。息を「ウッ」と吐く

3 肩に当てた手を後方に引っ張りながら右脚を踏み出す。その時、肩を後方に引き、思いっきり背筋を伸ばす。息は「ハッ」と吐く

バストアップに効果的なので、「ウッ」「ハッ」と強めに息を吐くことを忘れずに。猫背の人は呼吸が浅いので特に意識してやってみて！

二の腕

スッキリと締まった二の腕でノースリーブ美人に

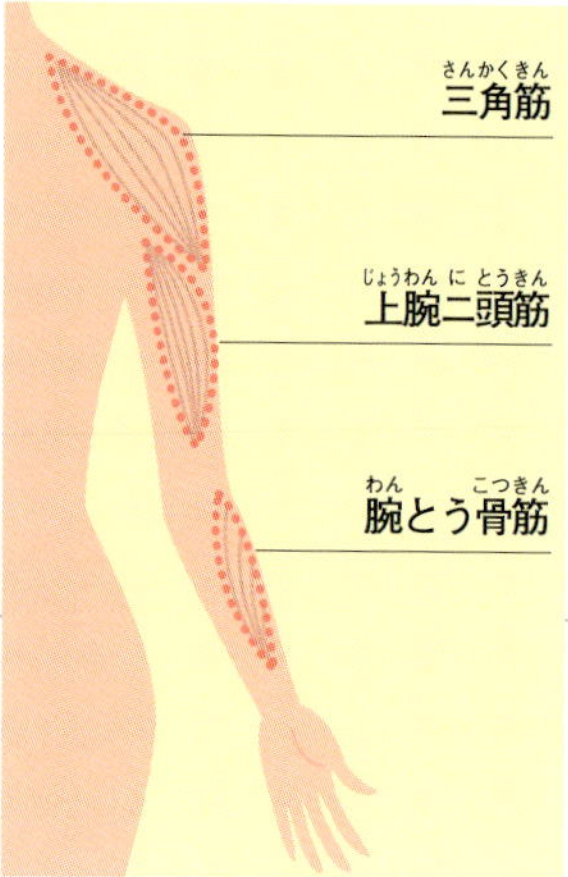

ノースリーブからスラリと伸びた美しい腕は、なんともセクシーな雰囲気《ふんいき》が漂《ただよ》います。

プヨプヨの二の腕は、赤ちゃんのような可愛《かわい》らしさはありますが、大人の女性のイメージには程遠《ほどとお》い。

そこで大人の女性の美しい二の腕になるためには、まず上腕二頭筋を意識しなくてはいけません。

二の腕の外側の上腕二頭筋は、腕を曲げた時に使われる筋肉なので、日常生活ではよく動かしている筋肉です。ただ鍛えすぎると太

くなり、筋肉でパンパンの二の腕になってしまうので、ほどよい刺激が大切です。

そして二の腕の裏側の筋肉が、プヨプヨの二の腕の真犯人です。普段使うことがあまりなく、腕を伸ばした時に動く筋肉です。

二の腕の外側と裏側をダブルで刺激することが、華《きゃ》奢《しゃ》な二の腕をつくるのです。

さらに肩、肘《ひじ》、手首の3か所の腕の関節を、キチンと動かすことができると、二の腕にしなやかさがプラスされます。そして肩周辺の三角筋、肘から手首にかけての腕とう骨筋を鍛えれば、腕全体が長く、ほっそりとなって完璧。

筋肉と関節の両方を意識することで誰もがノースリーブ美人になれるのです。

腕しぼりウォーク

肩からしっかりひねって長くしなやかな腕に

1 両手を広げ、腕を伸ばして、1歩進む度に、左右交互に腕を前側にひねる。右脚を踏み出すと同時に、逆の左腕を前側にしっかりひねる

ココに効く！

特に効く部分
効く部分

Duke's Advice

腕しぼりウォークは、ただ手首をクルクル回すだけではダメ！　肩、肘、手首の3つの関節をしっかりと

3 右脚を前に出した時に、右腕を戻しつつ、左腕をひねる。肩を体の内側に入れて腕をひねると効果的。１歩進む度に息は強く吐く

2 左脚を１歩前に進めた時に、ひねった左腕を元に戻す。同時に右腕を肩から前側にひねる。必ず手のひらが上向きになるまでキチンとひねる

肩を体の内側にしっかり入れる

動かすことを意識することが大切！　それには、肩の関節をしっかり体の内側に入れ、肘の関節を柔らかく使って、指先までキチンと伸ばすのがポイント。手を外に押し出すような感覚でやると、肩の関節が内側に入りやすくなって、腕しぼりウォークのコツが上手につかめるよ。

千手腕ひねりウォーク

腕を縦《じゅう》横《おう》無《む》尽《じん》に動かして優雅さをプラス

ココに効く！

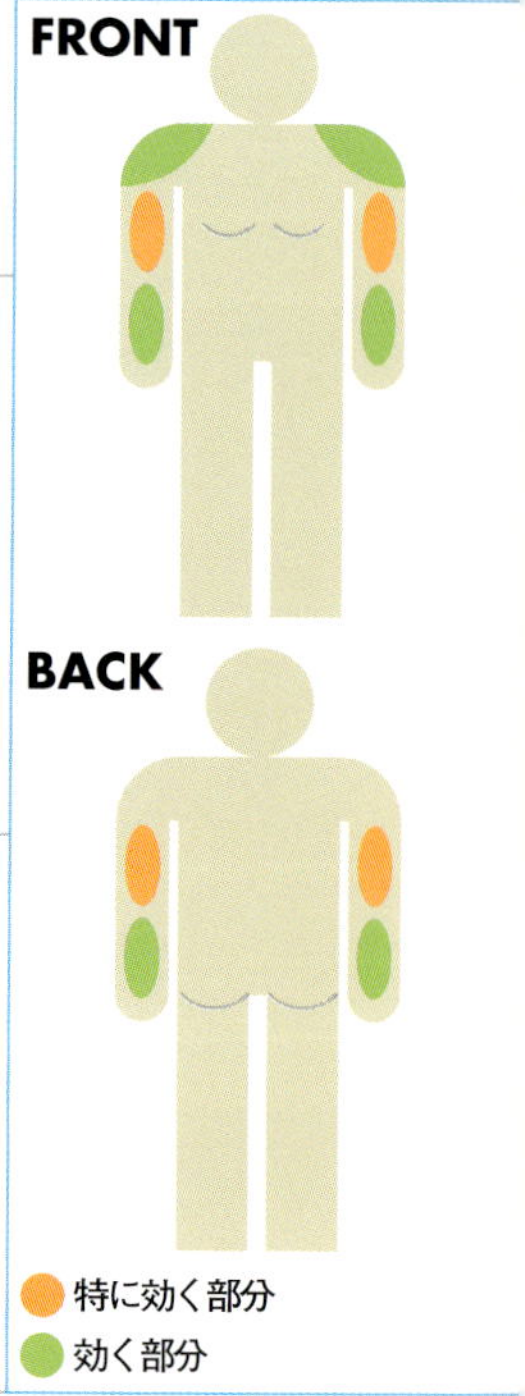

1 1歩脚を踏み出す度に、腕を上下、前、左右に動かすのが基本の動作。右脚を1歩前に出し、脚とは逆の左腕を上に真っ直ぐ上げる

2 左脚を踏み出した時に、左腕を下ろし、右腕を上に真っ直ぐ上げる。この時、両方の手のひらは体の外側に向ける

3 右脚を前に出し、右腕を下ろす。同時に、左腕を前に真っ直ぐ突き出す。この時、突き出した腕はしっかりとひねる

Duke's Advice

千手腕ひねりウォークは、肩から指先までが腕なんだ、ということを念頭においてやって欲しいね。すべての動作に共通しているのが、キチンと腕をひねっているということ。このひねりが重要！ 突き出すほ

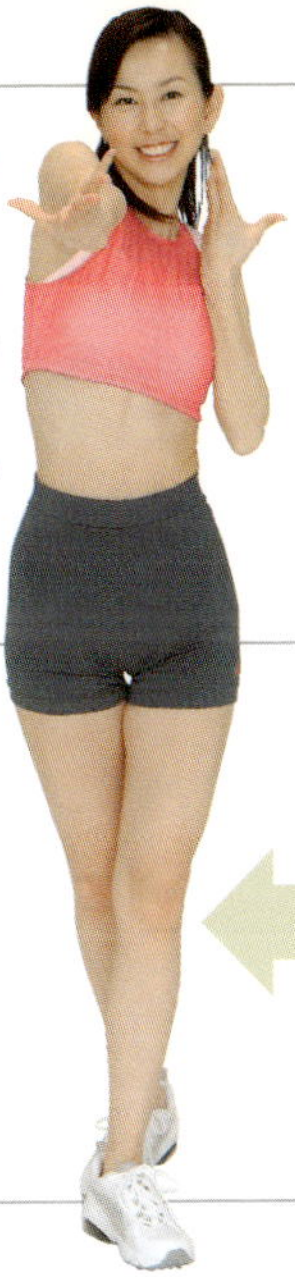

4 左脚を前に出し、左腕を戻す。その時に右腕をひねって前に突き出す。この時、手首だけでなく、肩から腕全体をしっかりひねることが大切

5 右腕を戻しながら、左腕を前側にひねりながら横に腕を突き出す。キチンとひねって手のひらは上向きに。顔はひねった腕のほうを向けて

6 左脚を前に、そして右腕も前側にひねりながら、横に突き出す。この時、肩を内側に入れ、手を外側に押し出すようにするとキレイに決まる

7 右脚を前に出し、左腕を下に伸ばす。この時、腕をひねり、手のひらは外側に向けて指先までキチンと伸ばすのが大切

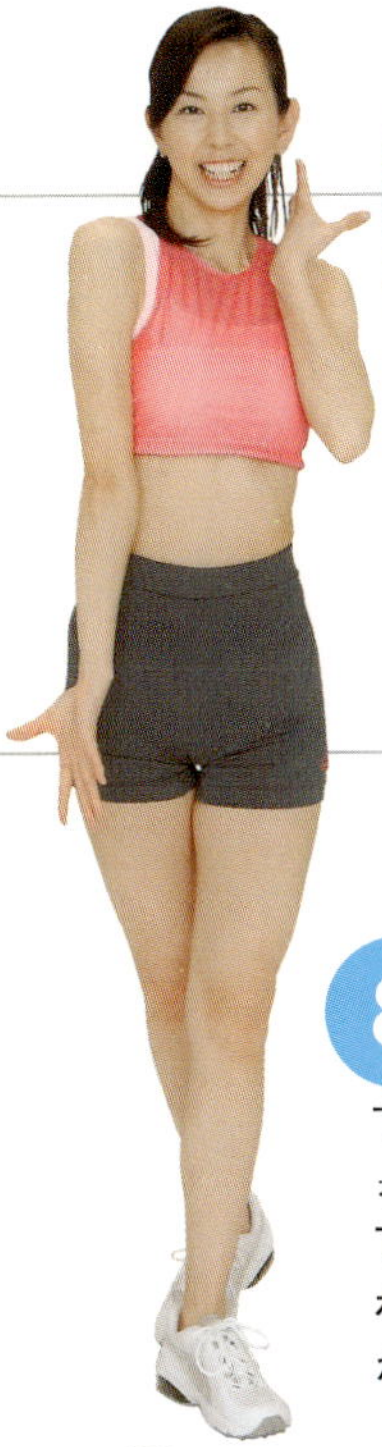

8 左脚を踏み出し、右腕を下に下げて千手腕ひねりウォークの1セットが終了。一連の動きはテンポよくリズミカルに動かすとより効果的

うの腕はもちろん、逆の腕もひねりを入れて、常に手のひらを外側に向けて待機しているのがポイント！なるべく早く、リズミカルに。8歩で1セットだから1日1セットで十分効果的。

部位別
ダイエットウォーク

背中

自分で見えない背中をシェイプしてボディに死角ナシ

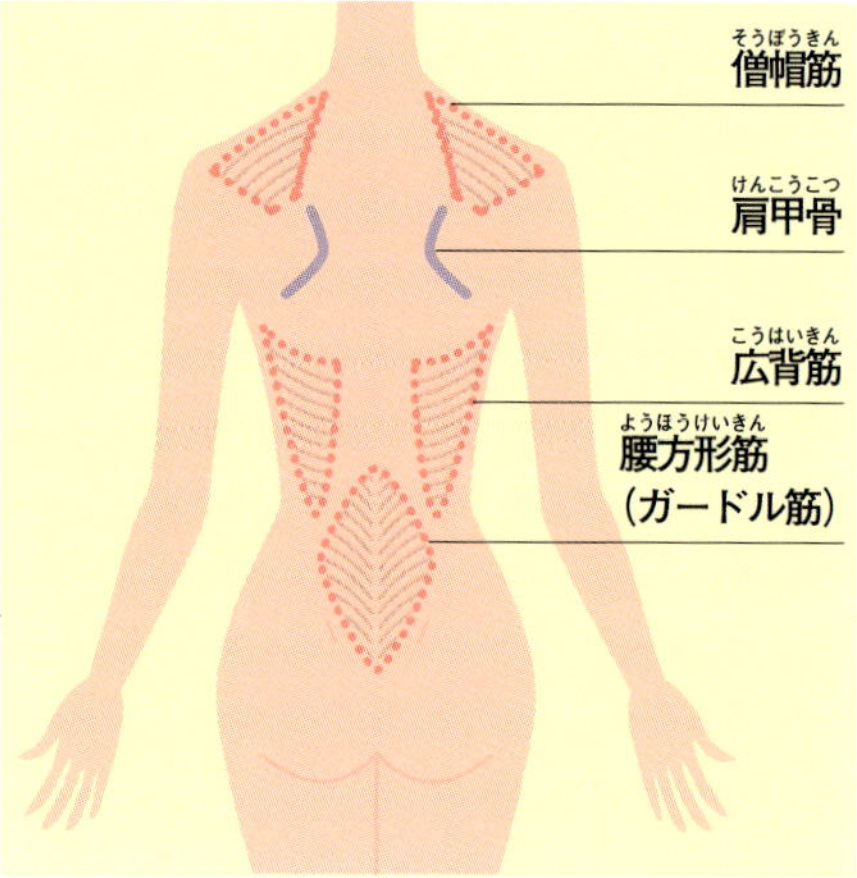

背中は、自分では見えない場所なので、気を配っている人が少ないのが、とても残念。背中は見えない場所であると同時に、普段動かさないところでもあります。そこで日頃から背中の筋肉を意識することが大切です。

背中を広範囲に覆う広背筋、肩から肩甲骨周辺にある僧帽筋は、背中のしなやかさを出すためにとても大切な筋肉です。

そして肩甲骨が硬くなり動きが鈍くなると、周辺にムダな肉がつきます。常に

肩甲骨をよく動かすことを心がけると、背中もどんどんキレイになっていきます。
そして背中で最も重要なのは、腰方形筋という深部筋です。背骨と骨盤《こつばん》をつなぐ筋肉で、天然のガードルの働きをして体全体を引き締めます。腰方形筋を刺激することによって、背中のシェイプアップだけでなく、体の中からボディラインを整えることができるのです。

ペリカンウォーク

腕と脚を上げて背中をシェイプ

2 腕を背中側で組んだまま、脚を上げながら、同時に腕も上に上げる。この時、つま先は天井に向け、脚は真っ直ぐに上げるのがポイント

1 ヘソを持ち上げる感覚で、背筋を真っ直ぐに伸ばす。胸を張り、腕を背中側でしっかり組む。手は指を手の甲側に出してしっかりと組む

ココに効く！

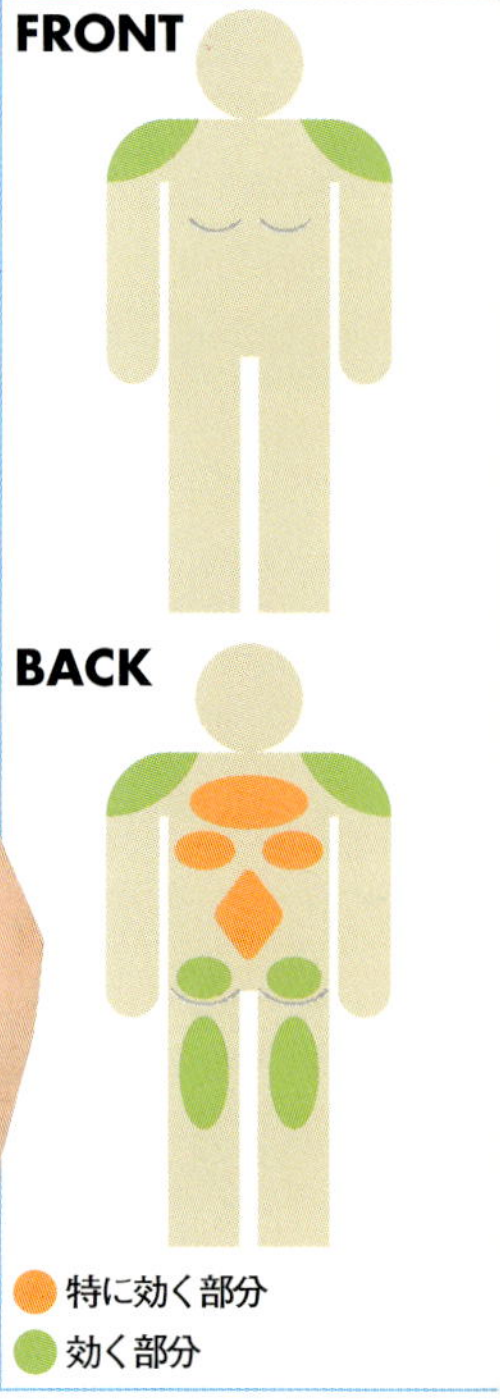

Duke's Advice

ペリカンウォークは、普段なかなか動かすことのない、肩甲骨の下と、二の腕の付け根を刺激するウォーキング。動作はシンプルな

3 脚を着地させると同時に、組んだ腕をそのまま下ろす。背筋を伸ばし、逆の脚を上げる準備をする

4 脚を真っ直ぐにして上に上げ、背中で組んだ腕も上に上げる。できるだけ腕も真っ直ぐに高く上げると効果的

脚と腕はできるだけ高く

んだけど、意外に難易度が高いから無理は禁物！ 最初は後ろに組んだ手も、できる範囲で上げればＯＫ。無理をすると筋を痛めるので注意して。さらに脚を真っ直ぐ高く上げるのが苦しい人は、背中で組んだ手を上げる上半身の動きだけでも十分効果的だよ。

肩回しウォーク

肩《けん》甲《こう》骨《こつ》をよーく動かして エレガントな後ろ姿に

ココに効く！

特に効く部分

効く部分

Duke's Advice

肩甲骨と肩をよーく動かして、スッキリした後ろ姿を作る肩回しウォーク。肩こりも治るよ！ 一見簡単に見えるけど、肩の動きと

1 左右の肘を曲げ腕をＬ字型にして、脇《わき》はしっかり閉じる。１歩進む度に左右の肩を回すのが基本の動作。左脚を前に出し、左肩を後ろに回す

肩回しウォーク

肩甲骨《けんこうこつ》をよーく動かして エレガントな後ろ姿に

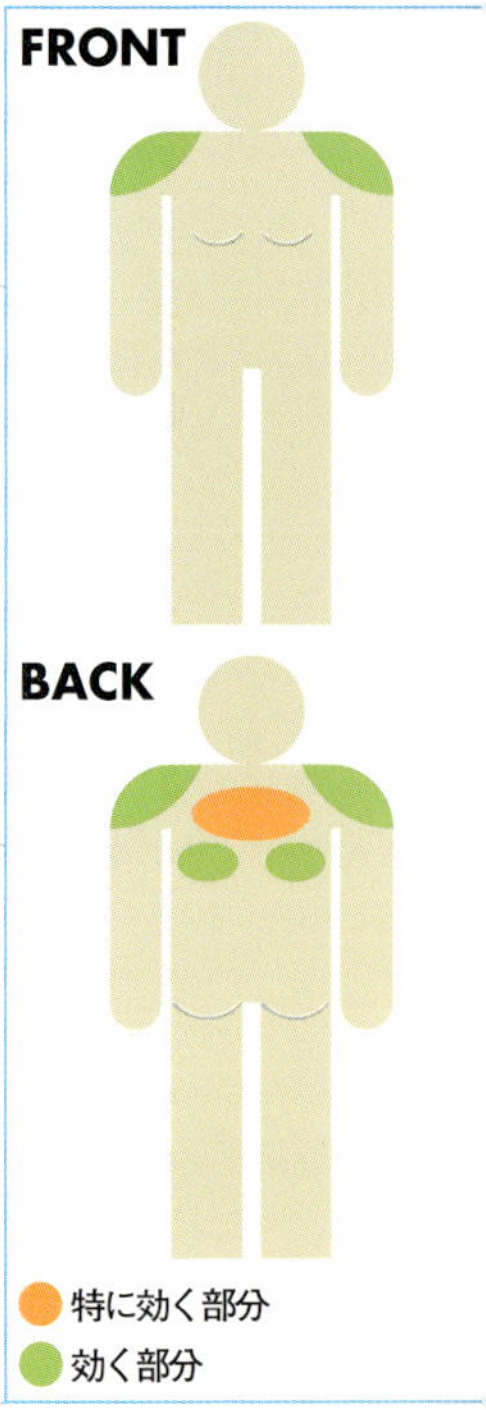

Duke's Advice

肩甲骨と肩をよーく動かして、スッキリした後ろ姿を作る肩回しウォーク。肩こりも治るよ！　一見簡単に見えるけど、肩の動きと

1 左右の肘を曲げ腕をＬ字型にして、脇《わき》はしっかり閉じる。１歩進む度に左右の肩を回すのが基本の動作。左脚を前に出し、左肩を後ろに回す

2 右脚を前に出しながら、左腕を前に戻す。その時に、右肘をやや後ろに引き、肩を回す準備をする

3 右肩を肩甲骨から動かすように大きく後ろに回す。その時、反対の肩はできるだけ下げるようにするとわき腹も伸びるのでより効果的

極端に肩を上げて

脚の運びがバラバラになる人が多いんだよね。でも毎日続けていると、コツがつかめてくるから、最初からうまくできなくてもOK。ポイントは両肩を上げないこと。右脚を出したら、右肩を下げる。左脚も同様に。

肩

肩の美しさを意識して体のキレをつくろう

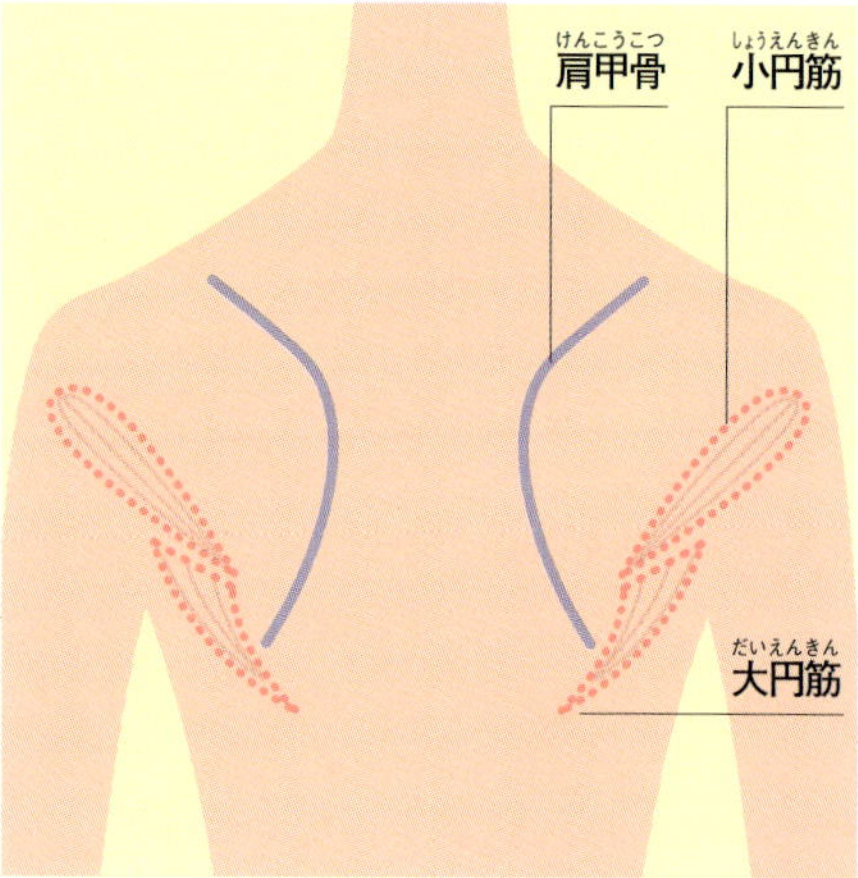

自分に似合うデザインの洋服がなかなかない、と常に思っている人は、自分の肩を再点検。肩のラインは洋服を着る時に非常に大事なパーツなのです。特に上半身の美しさは、肩が決めていると言っても過言ではありません。両方の肩の高さを揃え、ラインを整えることで、似合う洋服も俄然《がぜん》増えてきます。さらに肩の関節が柔らかくなると、身のこなしにもキレが出てきて、椅子に座ったままスムーズにジャケットを脱ぐことができた

り、人ごみの中をうまく人をよけながら歩くことができるようになります。

肩を美しく見せるポイントは、肩甲骨です。肩甲骨の周辺は、普段は動かすことが少なく、固まってしまいがち。この肩甲骨がしなやかに動くだけで、肩が美しくなり、肩こりもずいぶん改善されます。さらに肩甲骨は、股関節《こかんせつ》とも連動していて、肩甲骨をうまく動かせないと股関節も硬くなり、下半身の動きもギクシャクしてきます。

そして大円筋、小円筋周辺のムダ肉を落とすと、肩甲骨がシャープに動かせるようになります。肩こり、猫背、常に首がどちらかに傾いているなどの悩みのある人には、肩に効くウォーキングがおすすめです。

肩のラインがキレイになると、上半身のバランスが全体的に整って、鎖骨《さこつ》周辺がスッキリして、首もほっそり。胸もとが垢抜《あかぬ》けて見える効果があります。

肩ひねりウォーク

腕の付け根を刺激して華奢《きゃしゃ》な肩のラインに

1 左右の手を鍵型《かぎがた》にしっかり組み、腕が床と平行になるように真っ直ぐ前に出す。その時、手は左右に引っ張り合う。腕は下がらないように注意

2 右脚を 1 歩前に出したら、踏み出した脚と同じ右後方に、腕をグッと引っ張る。組んだ手も左右に引っ張り合うようにする。顔は正面を向く

ココに効く！

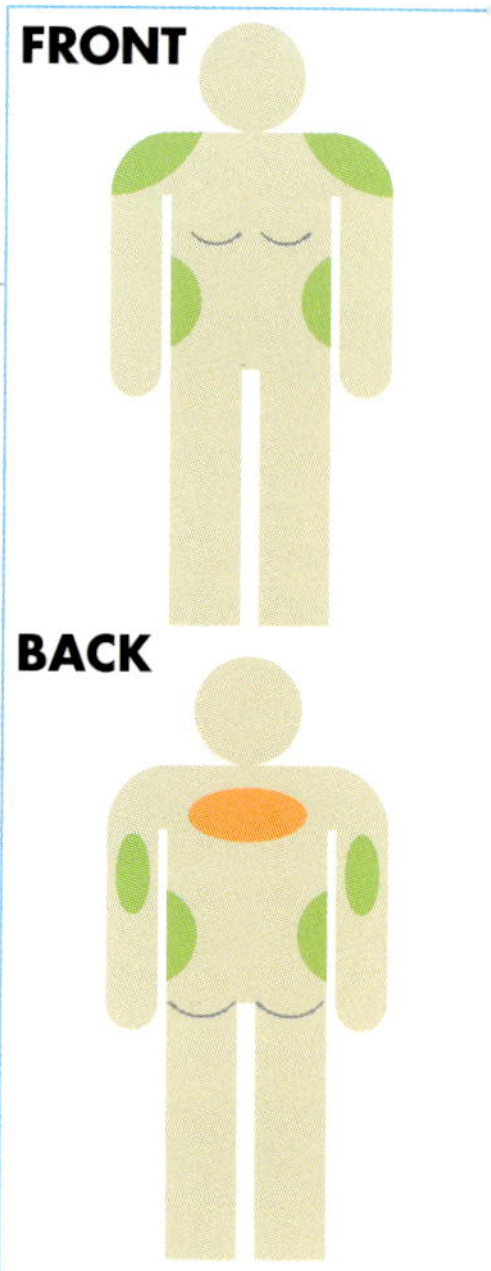

指を内側に折り曲げて

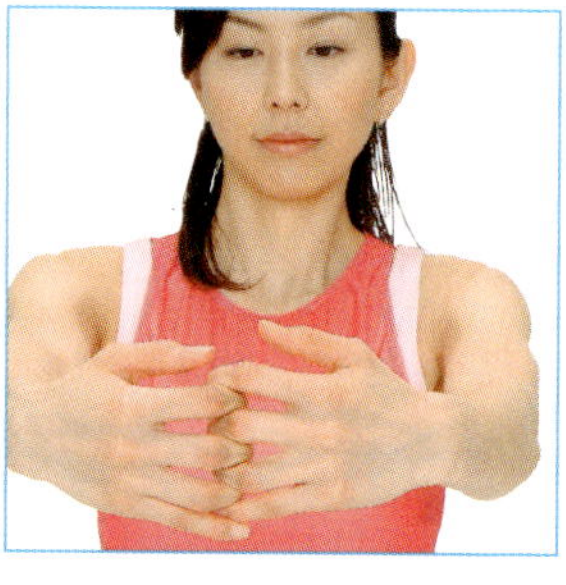

肩や二の腕の外側の筋肉を刺激する肩ひねりウォーク。最大のポイントは、手の組み方だね。この「鍵型」の手の組み方は、指を内側に曲げて、第二関節部分で左右の指が1本1本交互になるように！　ウォーキングの最中は、常に左右の指を引っ張り合うようにするのがコツ。お祈りポーズのように指を手の甲側に出して組むのは、効果が半減するのでNG。

3 左脚を出すと同時に、腕を前に戻す。この時、腕が下に下がらないように気をつける。背筋も真っ直ぐに伸ばし、脚も膝《ひざ》が曲がらないように

4 左脚を前に出しながら、左側後方に腕を引っ張る。この時、前に出した脚に重心をかける。二の腕の外側を伸ばすように意識してやると効果的

腕たたみウォーク

肩の前側をよく伸ばして
猫背を解消、姿勢美人

ココに効く！

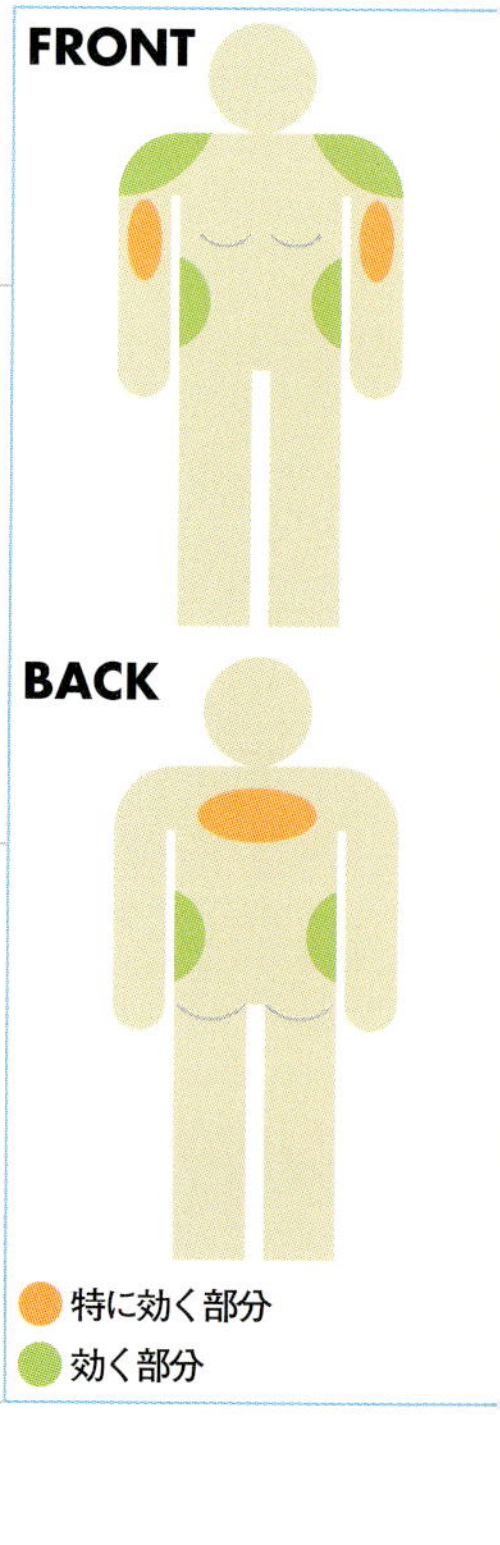

1 背筋を真っ直ぐに伸ばす。右脚を１歩踏み出し、手を頭の上でしっかり鍵型（P48Duke's Advice参照）に組んで左右に引っ張り合う

2 右脚を踏み出すと同時に、手を組んだまま、頭の後ろで右側に引っ張る。その時に、左腕の内側と、左わき腹を伸ばす感覚でやると効果的

3 左脚を１歩前に出して、組んだ手を頭の上に戻す。常に左右の指は引っ張り合うように意識する。この時、両方の二の腕の内側を伸ばすように

4 腕を、踏み出している左脚と、同じ左側に頭の後ろ側で引っ張る。この時も、右腕の内側と、右わき腹を伸ばす感覚を忘れずに

Duke's Advice

腕たたみウォークを効果的に効かせるポイントは、鍵型の手の組み方だね。そして特に意識したいのが、肩の前側と二の腕の内側を伸ばすことと、組んだ腕をしっかりと頭の後ろを通過させることが大事！　背中側の肩の筋肉と、二の腕の外側を伸ばす肩ひねりウォークとセットでやると、肩がスッキリとキレイになって完璧だね。

ウエスト

メリハリボディは伸ばす、縮める、ひねるで完成する

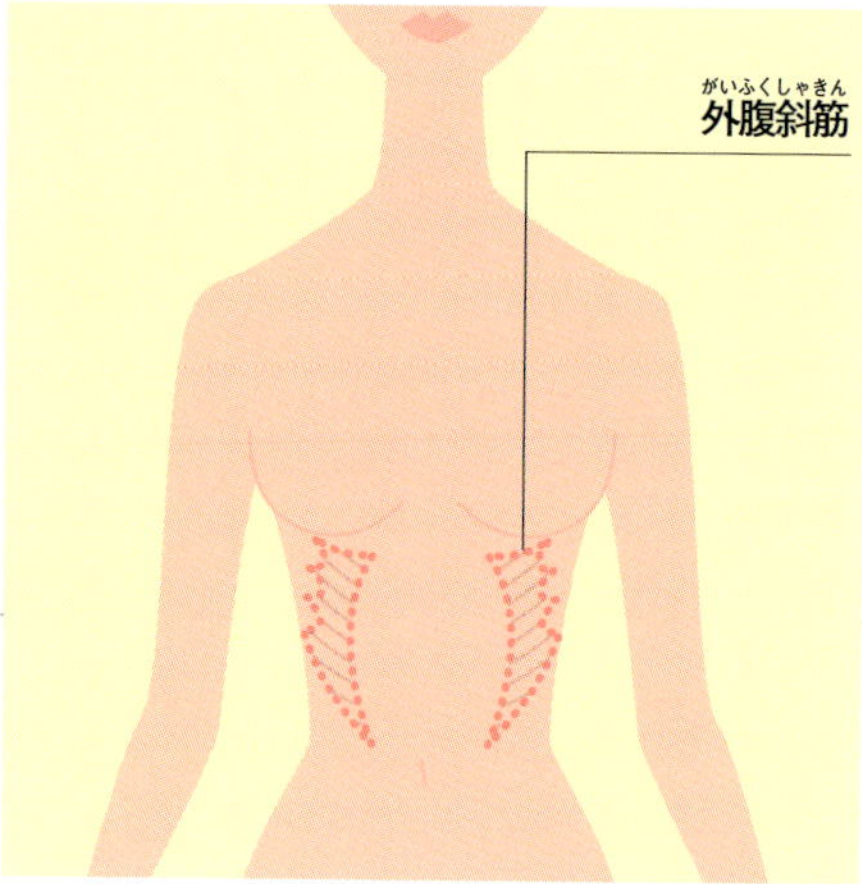

ボン、キュッ、ボンがいいね、と表現されることが多い女性のボディライン。

しかし現実は厳《きび》しい。メリハリのない幼児体型に悩んでいる人も多いと思います。ボディのメリハリのポイントはウエストのクビレです。ぽっちゃりとした人は、そのふくよかさを生かしつつウエストを重点的に絞りましょう。そうするとボディラインは、官能的な曲線に変わってきます。実は、ウエストはウォーキングで刺激することによって、脂肪が落ち

やすく、非常に効果の出やすいパーツです。10日間続ければ、確実に変化は現れるはずです。

　ウエストシェイプのポイントになるのは、外腹斜筋というわき腹部分にある筋肉です。広範囲に渡っていますが、非常に薄い筋肉で外腹斜筋を鍛えればその周辺の脂肪も落ちます。この外腹斜筋には、伸ばす、縮める、ひねるという動きが効果的です。もちろん僕のウォーキングには、この動作をたくさん盛り込んでいるので、効果バッチリです。

　そして自分自身への戒《いまし》めなのか、ウエストのムダ肉を頻繁《ひんぱん》につかむ人がいますが、これはやめましょう。筋肉がそのムダ肉の存在を覚えてしまって、やせにくくなります。ムダ肉も含め、自分の体を可愛がりながら、ストレスをためずにシェイプアップするのが理想的。太っているから……、と悲観的になってはダメ。楽しくウォーキングをやって、メリハリのあるナイスバディをつくりましょう。

アコーディオンウォーク

わき腹をよーく伸ばして憧れのメリハリボディ

1 両手を肩につけ、肘を曲げる。両方の二の腕は、床と平行になるように。この時、二の腕の内側が伸びているのを意識すると効果的

ココに効く!

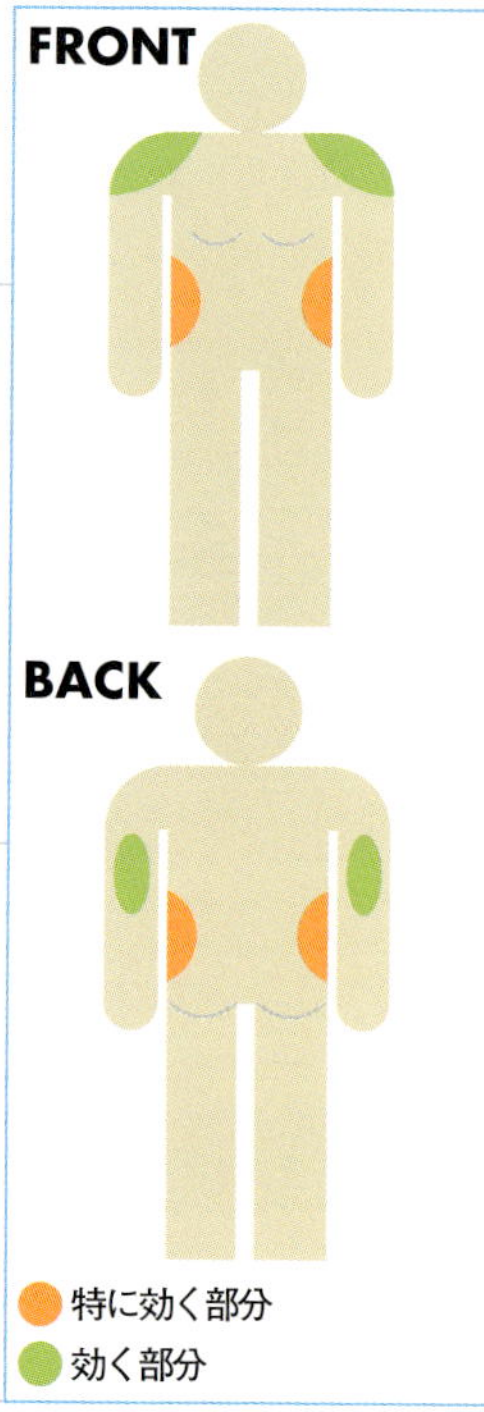

Duke's Advice

アコーディオンウォークは、アコーディオンの蛇腹《じゃばら》のように、わき腹にあるあばら骨を伸ばして、縮めるという動作をイメージしてやるとうまくいくよ。さらに重要なポイントは、肘。常に肘を上に高く上げるような感覚で動かすと、自然とわき腹が伸びるので、まずは肘に意識を集中。さらにヘソを持ち上げるように体を倒すと完璧!

4 左脚を1歩前に出した時に左方向に体を倒す。体を横に倒す時は、姿勢を保ちつつ首も自然に倒すと、わき腹がさらに伸びて効果的

3 体を真っ直ぐに戻しつつ、左脚を1歩前に出す。ヘソを上に持ち上げるような感覚で背筋を伸ばす。両肘が下がらないようにするのがポイント。

2 右脚を1歩踏み出したら、同じ右方向に体を倒す。この時、肘を上に上げる感覚でやると、自然とわき腹が伸びる。顔は常に正面を向く

トルソーウォーク

体をクルクル廻して ウエストシェイプ

2 右脚を1歩踏み出した時に、右斜め後ろに体をひねる。この時、胸を後ろ斜めに向けるようにすると自然に体全体をひねることができる

ココに効く！

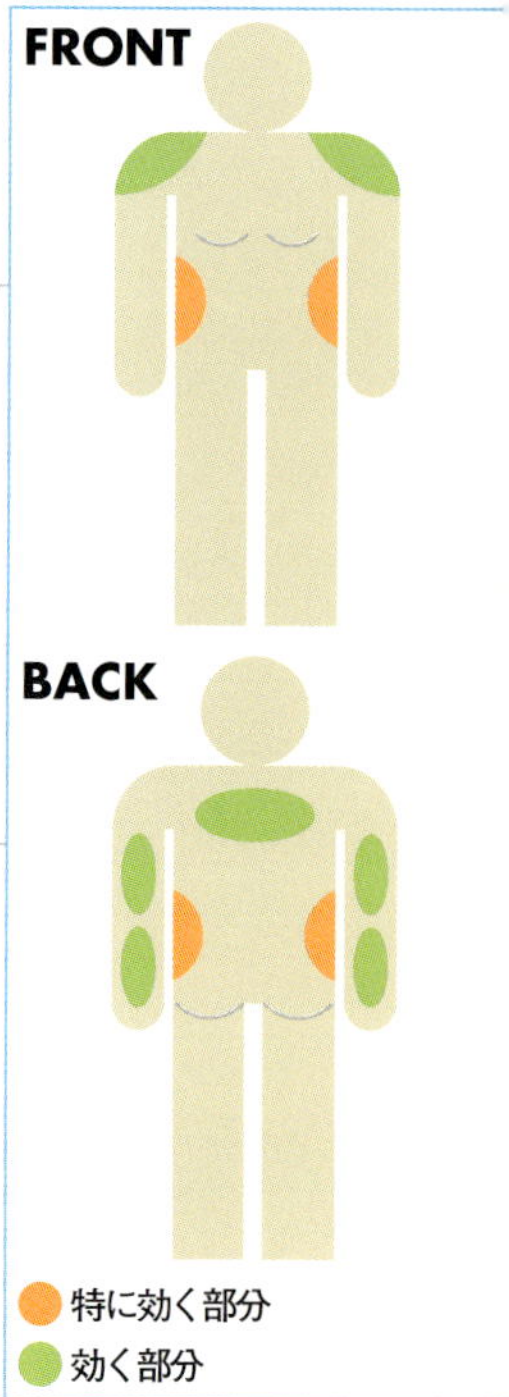

1 腕を頭の真上に真っ直ぐに伸ばす。この時、手首をクロスして手のひら同士をつけると、わき腹が自然に伸びる。顔は正面を向く

Duke's Advice

トルソーとは、洋服の仮《かり》縫《ぬ》いなどに使う人体のこと。あの人体は上半身から脚の付け根まであるよね？そのトルソーを意識して、体の側面を伸ばすことが大切。ポイントは、腕を真上

3 左脚を踏み出しながら、体を正面に戻す。この時、ヘソを上に引き上げるような感覚で背筋を伸ばし、顔を正面に向けて、ひと呼吸おく

4 左脚を１歩前に出し、体を左側斜め後方にひねる。この時、ひねる方向とは逆のわき腹と二の腕の内側に意識を集中してやるのがポイント

5 右脚を踏み出しながら、体を正面に戻す。上に上げた腕が曲がっていないか、腕が前に下がってきていないかをチェックして体勢を整える

必ず手首をクロスさせる

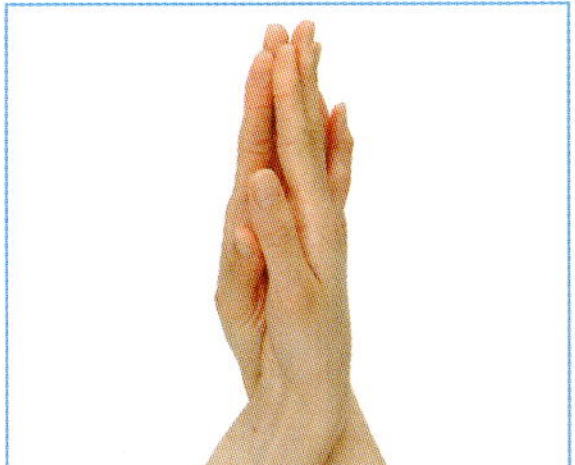

に上げた時、手首をクロスしてキチンと腰から指先までがつながっているイメージでひねること。そうすることで、二の腕の内側とわき腹も自然に伸びるよ。

リズムクロスウォーク

ウエストをひねって憧れのクビレ美人

ココに効く！

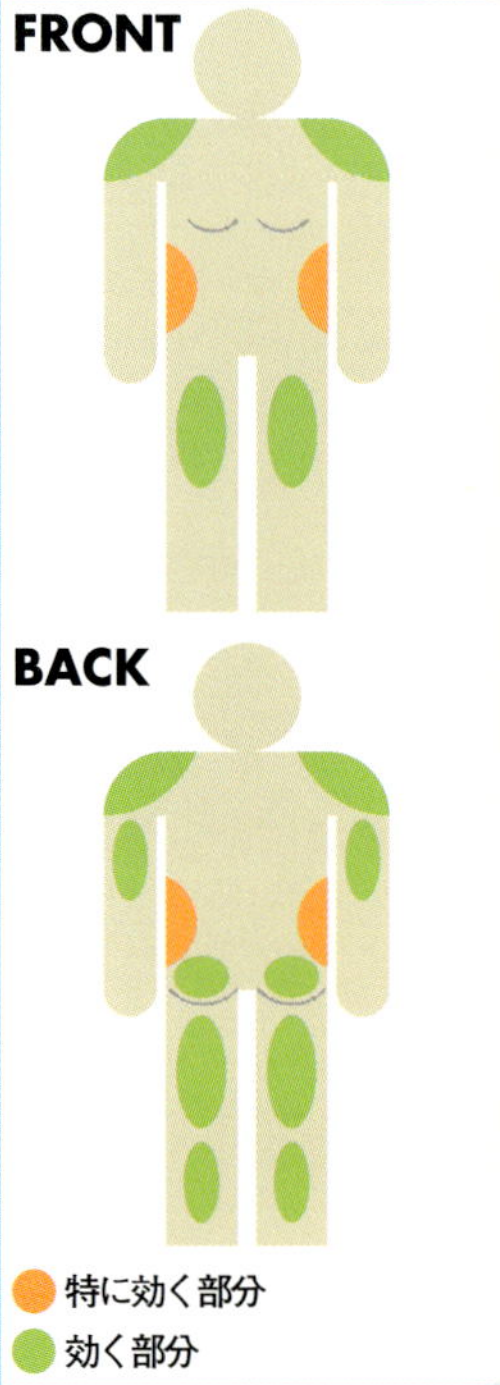

1 右肘を曲げて腕をL字型にして顔の近くまで腕を上げる。この時、肘は目の高さと同じくらいに。手は両方とも軽く握る

2 左脚を上げ、右肘を左脚の膝につくように下ろす。この時、左側のわき腹がキチンと伸びているかを確認しつつ、息を「フッ」と吐く

Duke's Advice

リズムクロスウォークは、わき腹のひねりと、二の腕の内側、太ももの後ろからお尻の筋肉を意識してやることが大切。そして膝と肘をつけたときに、「フッ」と

3 上げた左脚を1歩前に下ろし、右腕も元に戻す。この時、背筋をキチンと伸ばして、姿勢も元に戻すのがポイント

4 次の動きのために、左肘を曲げ、肘を目の高さまで持ってくる。上げる脚の太ももの裏側を意識すると、ヒップアップにも効果的

5 右脚を上げ、左肘を右脚の膝につける。同時に、息を吐く。わき腹を伸ばすためには、腰をしっかりひねることがポイント

息を吐く。そうすると横隔膜が広がって、呼吸を深くする効果があるよ。猫背の人は呼吸が浅いから、特にしっかり息を吐いて!

部位別ダイエットウォーク

お腹

ぽっこりお腹には大腰筋と腹直筋をダブルで刺激

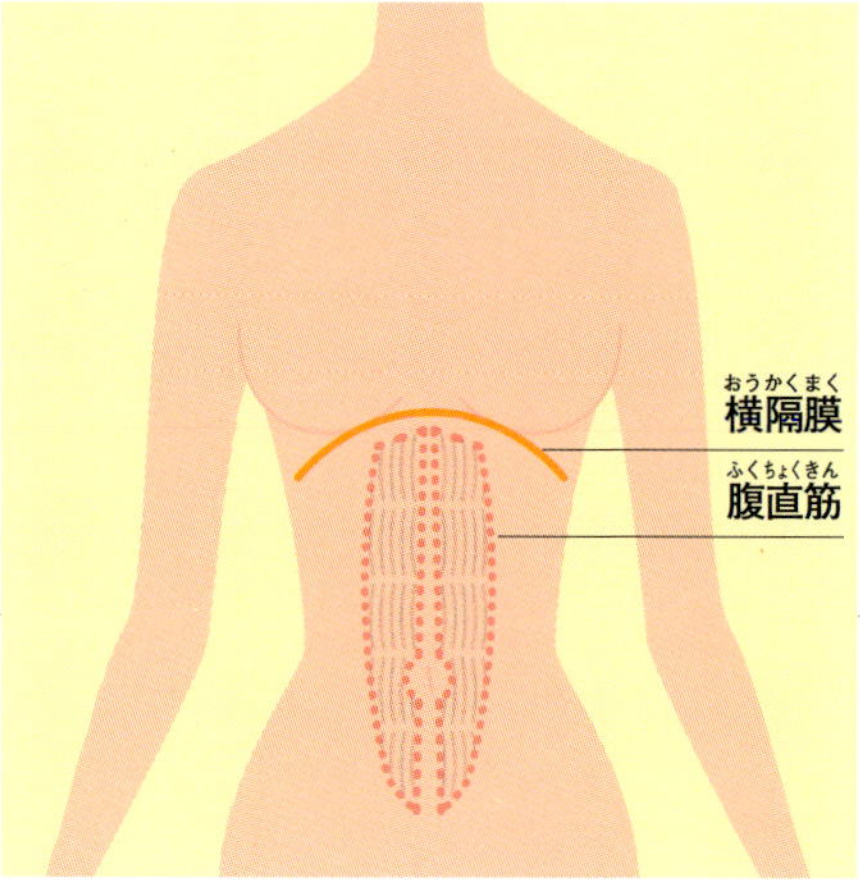

お腹《なか》の脂肪には、内臓を守る働きがあります。女性は妊娠・出産に必要な子宮など大切な内臓があるので男性よりも脂肪がつきやすい部分なのです。しかしいくら内臓を守る働きがあるとはいえ、ぽっこりと出た丸いお腹はいただけません。

お腹のシェイプアップには、みぞおちのあたりから、脚の付け根まで、縦に伸びている腹直筋を意識することが大切です。この腹直筋を鍛えると、ヘソが縦にスッと伸びた、かっこいいお

腹になります。

そして最も重要なのは、大腰筋《だいようきん》という深部筋。大腰筋は、背骨から骨盤を通り、大腿骨《だいたいこつ》につながっています。わかりやすく言うと、お腹の奥にある筋肉です。大腰筋の衰えと、お腹の脂肪のつきすぎによって姿勢が正しく保てずに、お腹がぽっこり出てしまうのです。

僕のダイエットウォークは、深部筋を刺激する動きが盛り込まれているので、大腰筋も強くなります。

表層筋の腹直筋と、深部筋の大腰筋をダブルで刺激することがお腹をシェイプする近道なのです。

脚あげウォーク

手脚を伸ばしてお腹はペッタンコ

ココに効く！

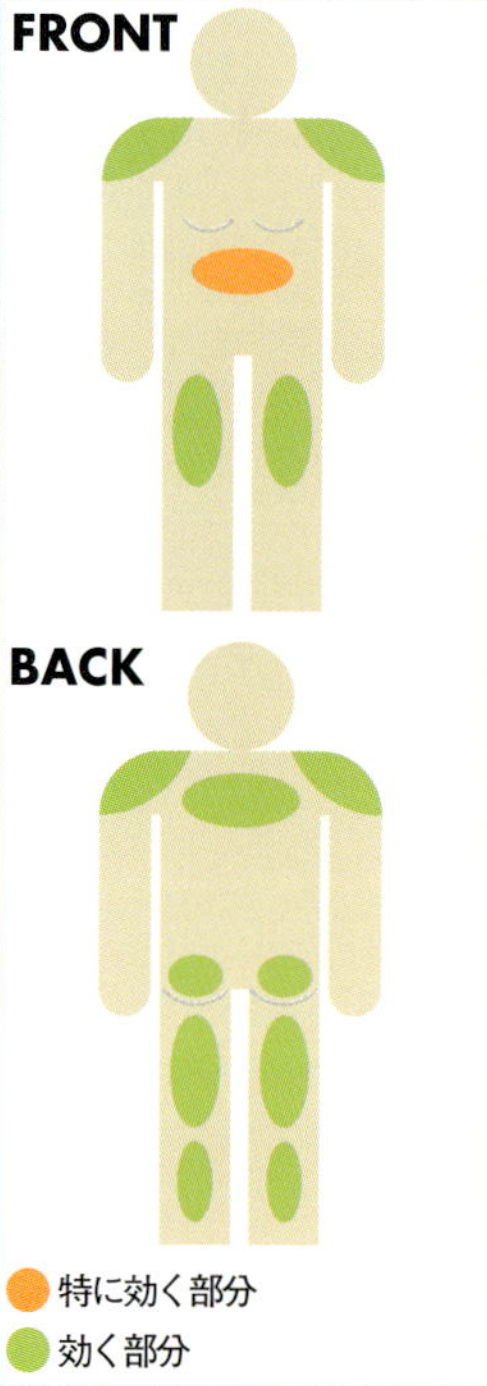

1 背筋を伸ばして姿勢よく立ち、左腕を真っ直ぐに上に上げる。右腕も手を開き自然に伸ばす。同時に左脚を出し、顔は正面に向けて

2 右脚を上げながら、左腕を真っ直ぐに伸ばし、頭上に大きく弧《こ》を描くように手を下ろしてくる。右腕は、真っ直ぐに上に上げる

3 大きく弧を描いて下ろした左手で、上げた右脚のつま先をつかむ。この時、脚も手も真っ直ぐにして、できるだけ手を体から遠くに動かす

Duke's Advice

脚あげウォークは、上半身はみぞおち周辺、そして下半身は太ももの後ろ、お尻を意識してやりたいウォ

4 上げていた右脚と左腕を下ろして、今度は右腕を上げて準備する。腕は常に肘を曲げずに真っ直ぐ伸ばすのがポイント

5 右腕をできるだけ遠くに伸ばすように下ろす。同時に左脚を真っ直ぐ上にあげる。この時、背筋を伸ばし、上半身を前に倒さないように注意する

6 右手で左脚のつま先をつかむ。その時、左腕は、後方に真っ直ぐ伸ばすのがポイント。顔は正面を向き、脚、腕、背筋すべてが伸びている状態に

ーキング。腕と脚を、できるだけ真っ直ぐ、遠くへ持っていく、というのが最大のポイント。これはゆっくりやるよりも、リズミカルにやるほうが効果的。つま先を手でつかむのがきついい人は、無理せずタッチするだけでも十分効果的だよ。

ヒップ

キュッと上がったヒップは骨盤がキメテ

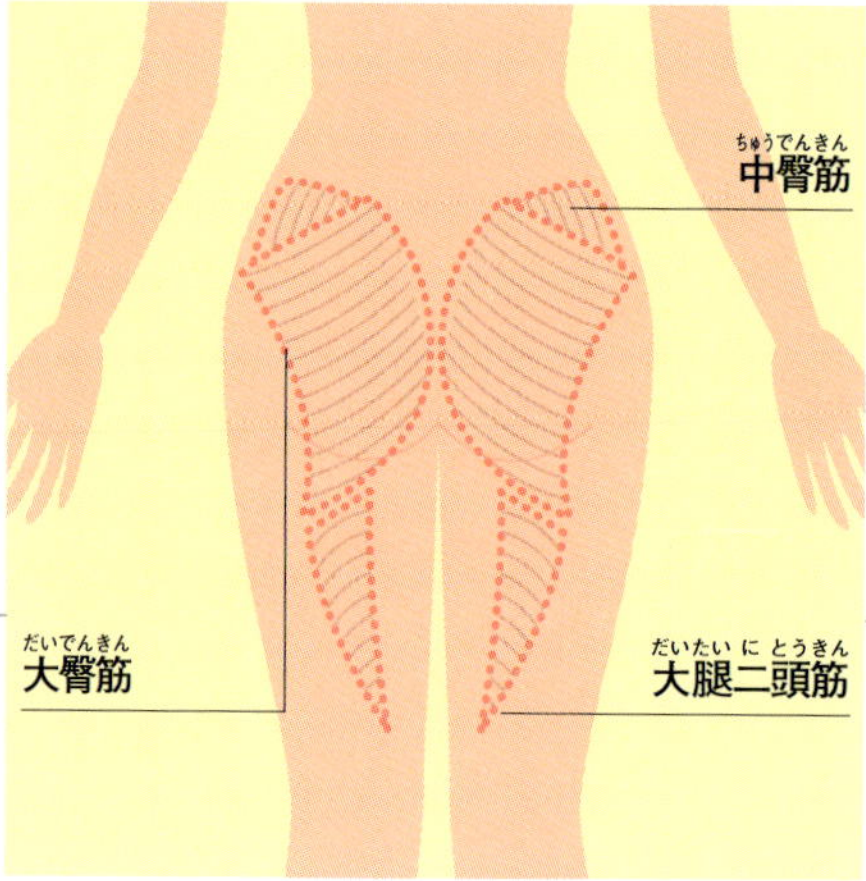

女性のヒップはバストと同様に、男性にはない丸みが最大の魅力。ジーンズをかっこよくはきこなすには、ヒップラインがモノを言います。理想のヒップはキュッと上を向いていること。大きくてもヒップが上がっていれば、パンチのあるかっこいいボディになります。

ヒップアップで一番大切なのは骨盤。実は骨盤の歪《ゆが》みが、お尻周辺の表層筋である大臀筋、中臀筋、太もも後ろの大腿二頭筋にも影響しています。骨盤が歪むことによって、これらの筋肉の周囲にムダ肉がつきやすくなり、ヒップが垂れたり、横幅が広くなったりするのです。まずお尻の筋肉を締める前に、骨盤の歪みを矯正《きょうせい》することが大切。さらに骨盤を矯正すると、代謝がよくなりやせやすい体をつくることもできます。

　そしてお尻の奥には、恥《ち》骨尾骨筋《こうびこつきん》と呼ばれる深部筋があります。この恥骨尾骨筋を刺激することによってお尻がたるむのを体の内側から防ぐことができます。

　ヒップアップには、骨盤、深部筋、表層筋の三位一体《さんみいったい》シェイプが必要なのです。

ヒップタップウォーク

キュッと上がったヒップはツイスト＆タッチでつくる

ココに効く！

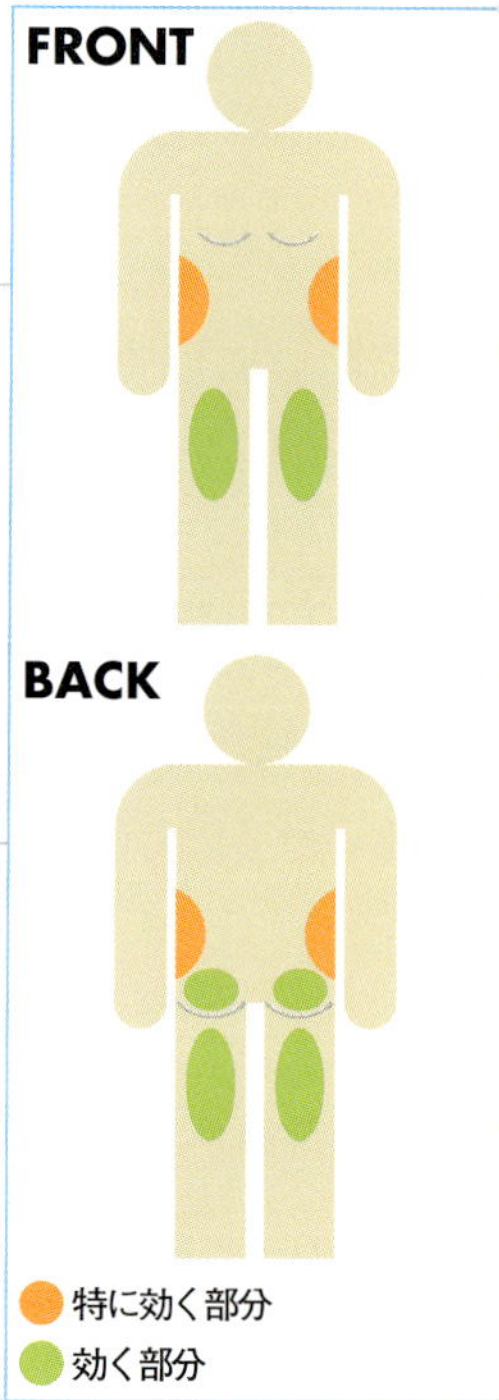

1 両腕を真っ直ぐ頭上に伸ばす。その時、指は１本１本、キチンと開く。背筋を伸ばし、ヘソを上に引き上げるような感覚で

Duke's Advice

ヒップタップウォークは、お尻と太もも後ろ側、わき腹の筋肉を意識してやりたいね。このウォーキングは、実は首の動きがポイント。お尻に手をつく時に、後ろの斜め下45度を見るようにすると、自然にわき腹のひねりと、肩や腕がついてくる。体のキレをつくるウォーキングでもあるので、スピード感を大切にしてやるとより効果的！

2 右脚の太ももをお腹につけるような感覚で、大きく上げる。同時に、体を右側後方にひねって両手でお尻にタッチする

3 右脚を下ろし、両手を再び頭上に上げる。背筋を伸ばして、顔は正面に

4 左脚を上げた時に、体を左側後方にひねって、両手でお尻にタッチ。この時、目線は後方斜め下45度くらいを意識して顔を後方に向ける

部位別
ダイエットウォーク

脚

骨の歪みを矯正して誰もがモデル級の美脚に

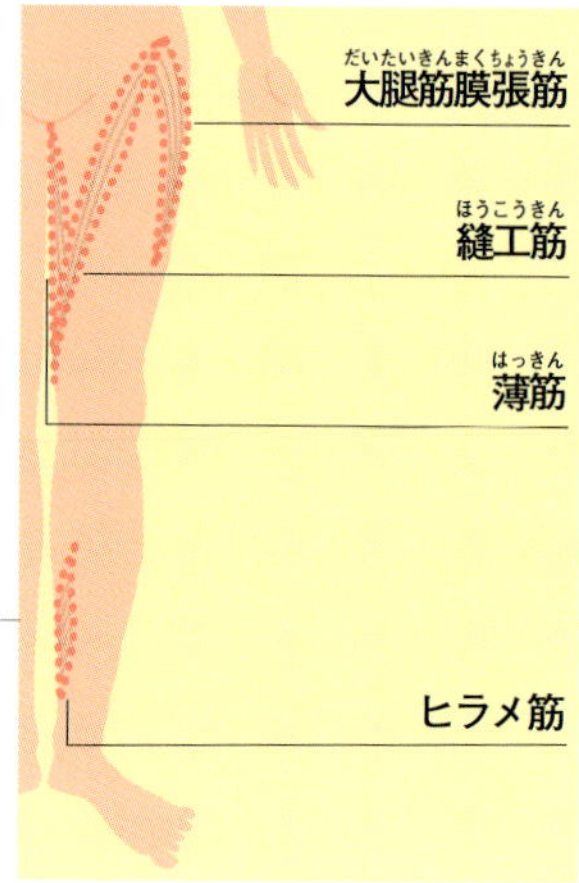

美脚の条件は、脚の長さや太さではありません。本当の美脚の条件は、脚に歪みがないことです。具体的には、膝頭《ひざがしら》が正面を向き、左右の膝とくるぶしがピッタリくっついて、太ももの間に1センチ以上の隙間《すきま》がないことです。脚の歪みは、負担のかかる部分に美しくない筋肉をつけ、その部分に脂肪もつきやすくします。脚の歪みを解消して、美しい歩き方、そして正しい筋肉の使い方をすると、脚のラインは確実に変化します。

そして脚は、間違った方法でエクササイズをやると、筋肉がついて太くなります。特に太ももの前側は、筋肉がつきやすいので要注意です。ジムにあるエアロバイクも、やりすぎは太い脚をつくってしまいます。

大切なのは、太ももを斜めに通っている縫工筋、内ももの薄筋、太ももの外側の大腿筋膜張筋を上手に刺激することです。さらにふくらはぎにあるヒラメ筋を絞ると足首が細く見え、脚にメリハリがつきます。

脚が太いとか短いということは、関係ありません。脚の歪みをとること＝美脚なのです。だから誰もが美脚になれる素質を持っているのです。

引きあげウォーク

強く大きく息を吐いて
モデル美脚に変身

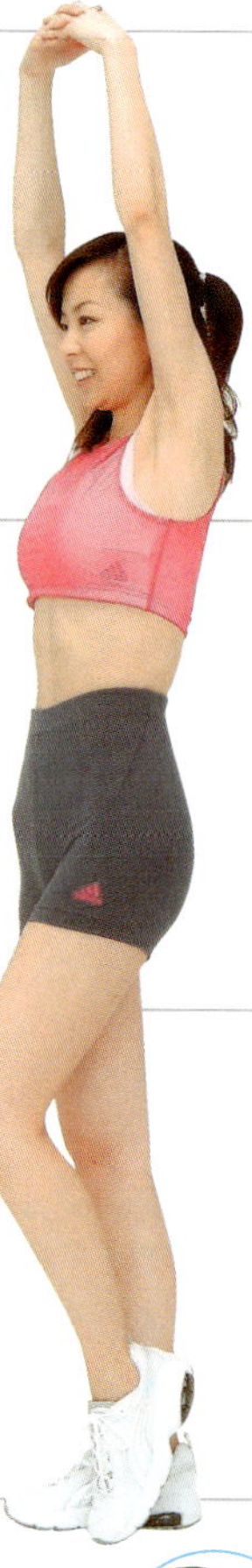

1 両手を頭上で組む。指の組み方は、手の甲側に両手の指が出るお祈りポーズの組み方で。二の腕の内側をしっかり伸ばす

2 脚を１歩前に出し、同時に頭上の手を下に下ろしてくる。この時、踏み出した脚は真っ直ぐのまま。重心は後ろの足にかけるのがポイント

ココに効く！

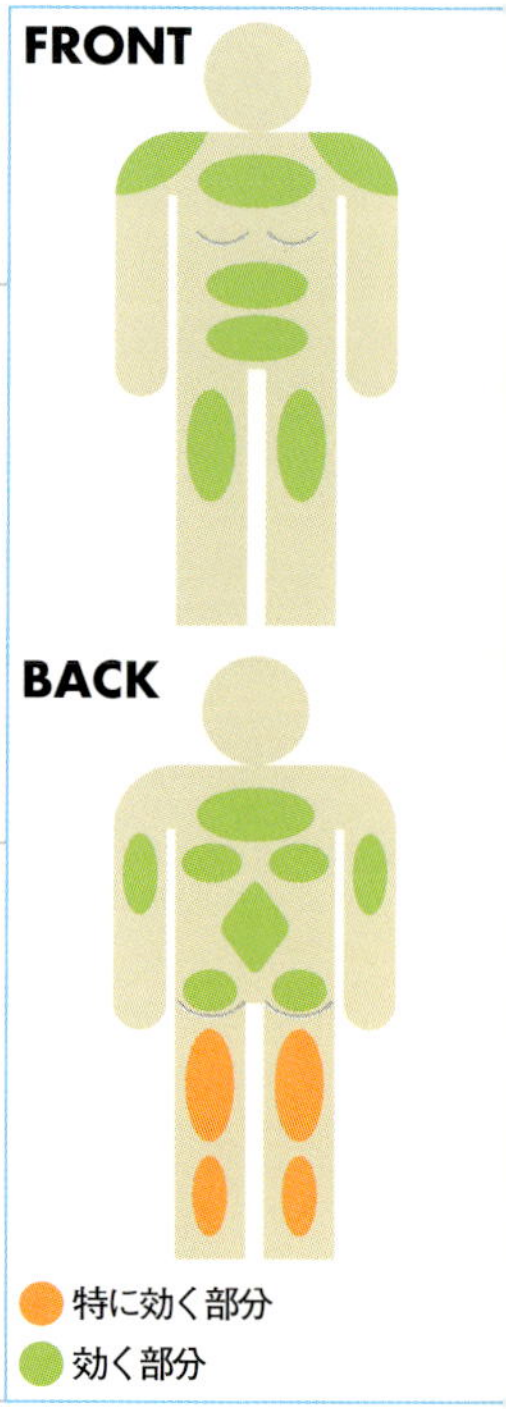

Duke's Advice

このウォーキングは難易度No.１！　でもダイエット効果もNo.１！　脚だけでなく背中、お腹など全身に効くよ。ポイントは、前に出した脚を曲げない、そして強く息を吐きながら手を引き上げること。最初はうまくできなくても繰り返しやってるとコツがつかめてくるよ。慣れてきて、後ろ脚から前脚への体重移動がスムーズにできれば完璧！

4 組んだ手を体に沿って持ち上げながら、重心を前に出ている足に移動する。この動作は息を強く吐きながらやるのがポイント

3 踏み出した脚は真っ直ぐのまま、後ろの足は重心をかけつつ曲げる。そして上半身を丸くしながらかがむ。この時、顔は正面を向ける

5 組んだ手を胸元まで引き上げる。前に出ている脚側の体の側面を伸ばす。後ろの足は、つま先を床につけたまま伸ばす。左右交互に繰り返す

片足タップ

リズミカルなタップでスリム脚をゲット

1 両脚を肩幅に開く。左腕を肘から曲げて、脇を少しあける。腕を体から離すのがポイント

ココに効く！

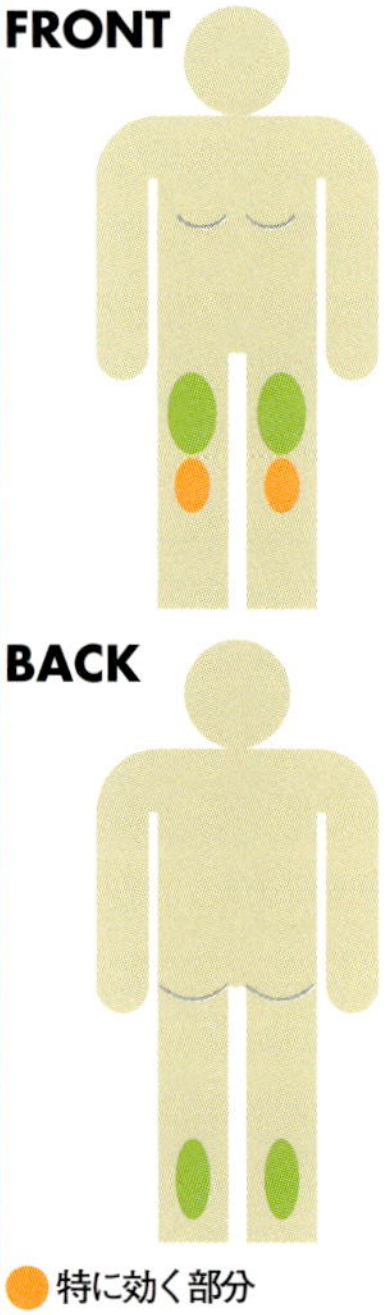

2 右脚の膝を曲げ、腰をひねりながら、右脚の足の裏に左手でタッチ。そして元の体勢に戻る。これを 20 回繰り返したら逆の脚も同様に

Duke's Advice

比較的簡単で、脚やせ効果が高いのがこの片足タップ。特に太ももの前面、ふくらはぎ、膝まわりに効く。ゆっくりやると筋肉が休んでしまって効果が薄いから、なるべく徐々にスピードアップして。そしてリズミカルにやってみよう。

ダイエットウォークの効果が倍増する

デューク流ストレッチレッスン

ストレッチに複合関節運動をプラスした
シェイプ効果の高いオリジナルストレッチ。
ダイエットウォークとセットでやるのが
ゴージャスボディへの最短コース！

複合関節運動を取り入れたオリジナルストレッチがスリムボディを楽々実現

僕の教室では、ウォーキングに入る前に、必ず丁寧にストレッチをやっています。これは体をほぐし、ウォーキングの最中に筋を痛めたり、怪我《けが》をすることを防ぐためです。しかしそこにはもうひとつの大きな効果があります。

ストレッチは体の基礎代謝を上げてやせやすい体を作り、体の歪《ゆが》みを矯正《きょうせい》する効果があります。そして歪みの周辺についている筋肉を正しい状態に戻すことで、ムダ肉がシェイプされるのです。

僕のオリジナルストレッチは、単に筋肉を伸ばすだけではありません。ダイエットウォークと同様に、いろいろな関節や筋肉を同時に動かす複合関節運動になっているのです。複合関節運動をプラスしたことによって、どんなストレッチよりもやせる効果が高くなっています。さらにダイエットウォークとデューク流ストレッチをセットでやることで、ウォーキングの動きの精度を上げ、それによってダイエット効果をより高めることが可能なのです。

ダイエットウォークの前にストレッチをやることでウォーキングがスムーズにできるようなオリジナルの動きも盛り込んであります。

僕にとってストレッチは単なる準備運動ではなく、ウォーキングと併用《へいよう》することで、最強のシェイプアップ法が完成するのです。

大転子の押しこみ

ヒップを小さくするストレッチ

1 骨盤と大腿骨をつないでいる大転子を押し込むストレッチ。脚を肩幅より広めに開く。大転子のある腰骨の下の関節部分に両手を当てる。

2 腰骨を押えた反対側の膝《ひざ》に体重をかけて、浅く「イチ、ニイ」とゆっくりと押す。上体は真っ直ぐに起こしたまま。

3 「サ〜ン」で大転子を深く横に押し込んで、頭と肩をつけ肘《ひじ》は直角に。この時、腰を曲げている側の体の側面を伸ばす。片脚4セットを目安に

Duke's Advice

大転子《だいてんし》とは、骨盤《こつばん》と大腿《だいたい》骨《こつ》をつないでいる骨のこと。これが外側に飛び出ていると、お尻の横幅が広くなる。大転子を骨盤の内側に押し込むことで、小尻《こじり》になれる！　加えて太ももの内側を伸ばすから、脚のラインもスッキリしてくるよ。

水平バランスキック

ダイナミックな動きで背骨を伸ばす

1 両腕を顔の前に真っ直ぐ伸ばし、そのまま右脚を後方になるべく高く、真っ直ぐ上げる。背筋はできるだけ伸ばす

2 後ろに上げた脚を、前に素早く振り上げる。その時、両腕を胸の前に下ろし、床と平行に。脚を変えて同様に。左右交互にあわせて 20 回

Duke's Advice

背骨や、太ももの裏側、ふくらはぎまでをしっかり伸ばす、ダイナミックなストレッチ。体の背面全体を思い切り伸ばすストレッチは少ないから、毎日のエクササイズにぜひプラスして欲しいね。加えて軽めの有酸素運動だから体脂肪が燃えて体が締まるよ。ただしやりすぎは、大切な胸の脂肪まで燃やすので注意!

ウエストひねり

腰を振ってセクシーなウエストライン

1 後ろで指を甲の方に出したお祈りポーズに組んだ両腕を左にグイッと引く。この時、腕と逆側の右に腰を突き出し、膝を軽く曲げる

2 さらに逆方向も同様。両腕を右に引いて、腰と膝は左側に。左右交互に合せて20 ～ 30 回を目安にして

Duke's Advice

ウエストラインを伸ばしてシェイプすると同時に、二の腕の裏側も刺激してプヨプヨのムダ肉にも効果があるよ。両膝を腰と同じ方向に曲げることと、腰をめいっぱい突き出した時に、ひと呼吸おいてから、反対側の腰を突き出すのがポイント。テンポよくやるとより効果的だよ。

水くみスクワット

全身を使った有酸素運動でムダ肉スッキリ

1 両脚を肩幅に開き、息を吸いながら膝をまげて、左腕を右脚のつま先に持っていく。その時、右腕はなるべく高く、真っ直ぐ伸ばす

2 息を吐きながら、左腕を斜めに引き上げる。この時、思いっきり引き上げるのがコツ

3 肘を曲げたまま、左腕を思い切り高く引き上げて、体の左半身をよく伸ばす。
左右交互に各 10 回

Duke's Advice

井戸から水をくむ姿をイメージするとやりやすいよ。腕を後ろに引き上げる時、二の腕の裏側とわき腹を伸ばす意識でやると効果的。その時に息を吐くのもポイント。有酸素運動だから、体脂肪を減らしたい人は、毎日続けることが大切！

腰あげストレッチ

上手に重心を移動して腰高脚長美人

1 両脚を肩幅よりやや狭めに開く。背骨を伸ばして、両手は自然に体に沿って伸ばしておく

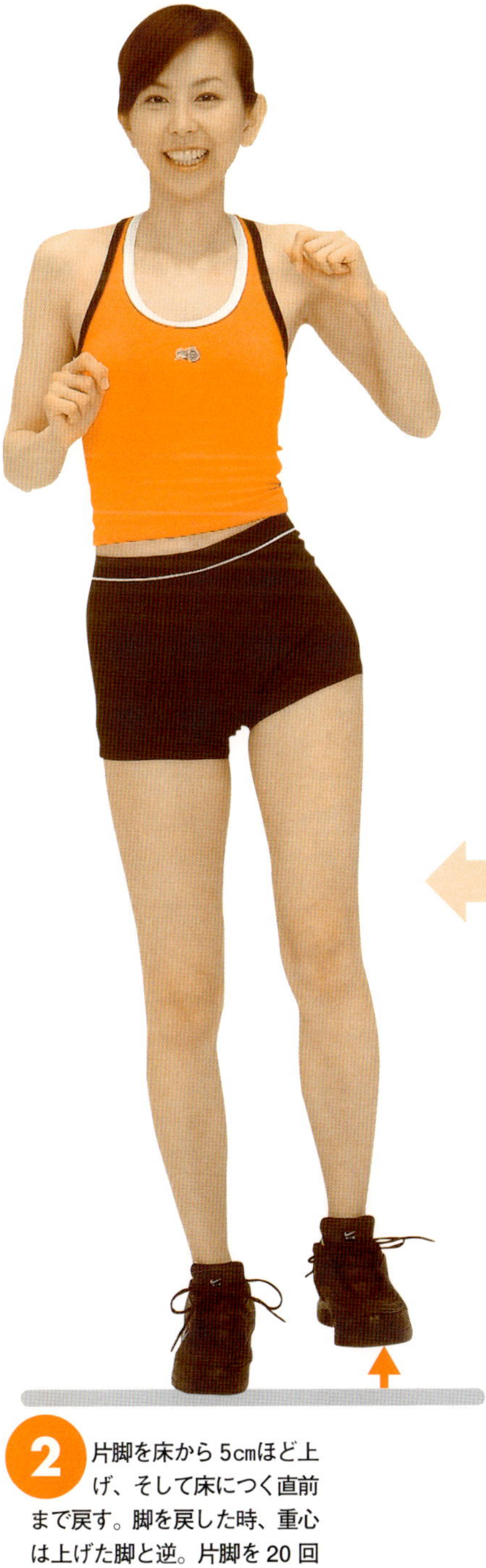

2 片脚を床から5cmほど上げ、そして床につく直前まで戻す。脚を戻した時、重心は上げた脚と逆。片脚を20回続けて、脚を変えて同様に

Duke's Advice

左右の脚の重心の移動が上手にできればOK。太ももの内側が伸びることで脚のラインがキレイになるよ。そして腰の位置も高くなって、腰のラインもセクシーにシェイプアップ。簡単な動きだけど、効果が高いから、運動が苦手な人もきっと長続きするよ。

バレリーナストレッチ1

脚の外側をシェイプする美脚ストレッチ

Duke's Advice

これはバレリーナになりきってやって欲しいね。バレリーナストレッチ1では脚の外側のラインを、2では脚の内側をシェイプする。1と2をあわせてやることで脚のラインは完璧。

1では両脚をくっつけずに10㎝ほど離すのがポイント。ヒップア

両足の間は10㎝ほど離す

1 両脚のかかとを内側に向け、足首をクロスして背筋を伸ばして立つ。前後の足はなるべく平行に。腕は体に沿って自然に下ろす

2 そのまま、両膝を曲げて、上体をゆっくり下に下ろす。その時、腕は自然に肩の高さに上げる。そして1、2の動作を3回繰り返す

ップ効果もあるのでお尻を締めることも意識して！ 深部筋《しんぶきん》を鍛《きた》えるストレッチだから、体の内側からキレイなボディラインをつくることができるよ。

バレリーナストレッチ2

脚の内側のラインを整える

1 両脚のかかと同士をくっつけて、つま先をできるだけ180度に近づけるように開いて立つ。腕は体に沿って自然に下ろす

2 上半身を姿勢よく保って、膝を曲げて腰をゆっくり落とす。そして1の姿勢に戻し、3回繰り返す。最後に1の姿勢のまま7回呼吸して終了

3 3回繰り返した後に、脚はクロスしたまま、片手を振りながら7回息を吐く。これで前後の脚を入れ替えて1セット。3セットを目安にして

Duke's Advice

これは、脚の内側のラインを整える効果があるよ。腰を落とす時に、胃を持ち上げる感覚でやるとうまくいくよ。最後に強く7回呼吸するのは、引き締まった脚の状態を体に記憶させる効果があるので忘れずに！

ヒップアップストレッチ

後ろに脚を上げて小尻効果

1 脚を肩幅よりやや狭めに開き、両手は腰に当てる。そして片脚を前にあげる。上半身を安定させてやるのがコツ

2 片脚をあげたまま、後方に脚を引く。上げた脚を床につけないように15回繰り返す。脚を変えてさらに15回

Duke's Advice

お尻にハリがなくて、垂れちゃってる人は気合を入れてやって！　お尻の下のムダ肉をシェイプする究極のストレッチ。太ももの裏側を意識しつつ、足を床につけずに繰り返すのが効果的なんだけど、最初は途中で足をついてもいいので無理せず続けてみて。

すべてのダイエットの基本

腹筋エクササイズ

デューク流オリジナル腹筋で
お腹《なか》やせ。体の基礎代謝もアップ。
そしてウォーキングの動きまで
スムーズ＆シャープに！
パーフェクト腹筋を手に入れて
ワンランク上のボディを実現！

深部筋まで ビシッと効くのが デューク流オリジナル

腹筋を刺激すると、お腹やせにとても効果的なのはみなさん知っていると思います。しかしそれ以外にも、強い腹筋は体の基礎代謝を上げて、やせやすい体をつくります。さらにウォーキングの動作もスムーズにしてくれます。腹筋エクササイズは、ダイエットを効果的に実現するためにとても重要です。

僕のオリジナル腹筋は、ウォーキングと同様に複合関節運動です。通称・腹筋と呼ばれている腹直筋だけでなく、その他の筋肉も刺激する動きになっているのです。

腹筋とひとくちに言っても、みぞおち周辺、下腹、わき腹など効かせる部分が違えば、やり方も変わってきます。きつい動きも多いですが、自分に合ったものを選んで1日1種類でもいいので続けてください。お腹周辺がスッキリします。

そして僕のオリジナル腹筋の最大の特徴は、深部筋《しんぶきん》を鍛《きた》える動きが盛り込まれていること。深部筋を鍛えることで、体の歪《ゆが》みを解消してムダ肉をシェイプ。ウォーキングと腹筋を並行してやれば、相乗効果で、さらにやせやすいボディに変化するのです。

デュークオリジナル・炎の腹筋を続ければ、必ずや、女らしくシェイプされたボディが手に入るはずです。

STEP 1

骨盤エクササイズ

腸や子宮の働きも活性化する

Duke's Advice

日常の動作では、刺激することが難しい、深部筋の大《だい》腰筋《ようきん》、腸骨筋《ちょうこつきん》に効く腹筋。同時に下腹、太ももの前側にもバッチリ効きます。お腹のシェイプアップ効果だけでなく、腸や子宮の働きも活性化することができるよ。1回3セットを目安に。

1 正座して両手を頭上に伸ばす。手はクロスして手のひらを合わせる

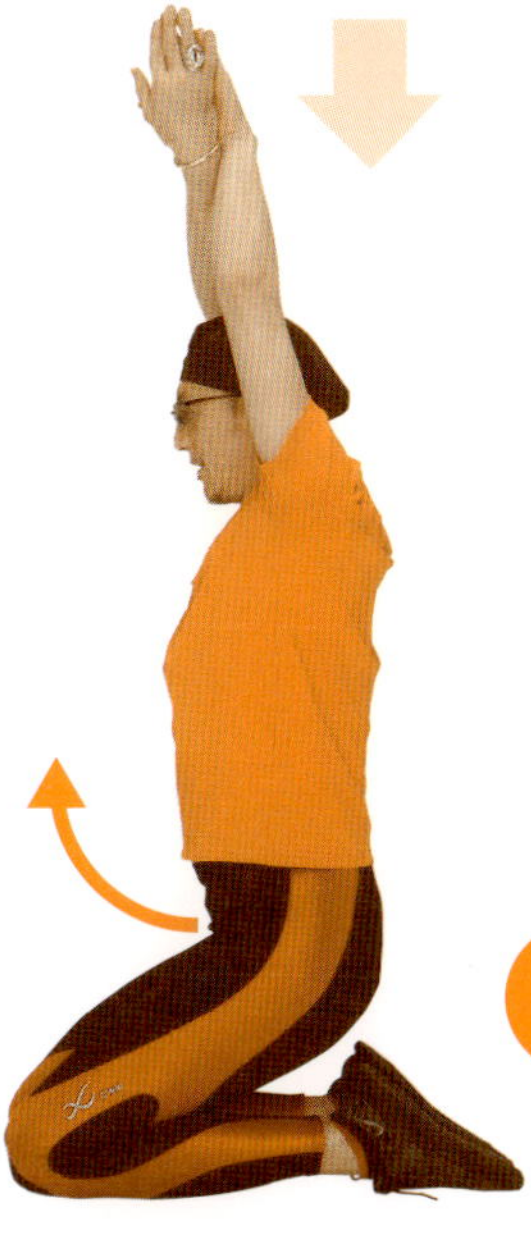

2 手は頭上に上げたまま、お尻を下げ、かかとにつく直前で止める

3 ヘソを上に持ち上げるようなイメージで、腰を突き出し8秒間体勢をキープ

STEP1

上っ腹腹筋

みぞおち周辺のムダ肉をスッキリ！

1 あおむけに寝転がって、太ももは床に垂直に。両手は頭の後ろで組んで、首を起こす

2 胸を膝《ひざ》につけるような感覚で、腰を固定したまま上体を引き上げる。最初は反動をつけてもOK。慣れたら腹筋の力だけでやってみて

Duke's Advice

上っ腹腹筋は、その名の通り、みぞおち周辺に効果絶大。女性の場合はアンダーバストをスッキリさせてバストアップにも効果的だよ。ポイントは脚と床についている腰を動かさないこと。1日30回くらいを目標にやってみて。

STEP1

全身のボディラインを整える
プロポーション腹筋

Duke's Advice

この腹筋は、深部筋の大腰筋が鍛えられて、姿勢も良くなるよ。さらに首や背中、脚の筋肉など全身の筋肉を使うエクササイズなので、体全体にメリハリがつくよ。速攻ナイスバディになりたい人は、プロポーション腹筋からトライ。

1 片脚を床に垂直に上げ膝裏《ひざうら》を両手で支える。逆脚は床から約15 度上げる

2 その姿勢のまま、太ももに胸をくっつけるように上体を起こす。逆の脚は床から15 度離したまま。左右10 回ずつ

STEP2

V字バタ足

下腹ポッコリをグッと引っ込める

Duke's Advice

ポッコリ出てしまった下腹に効くV字バタ足。これはゆっくりやらずに、テンポよくリズミカルにやる方が効くよ。バタ足は膝を真っ直ぐにして脚の付け根から動かすのが最重要ポイント。下腹は効果の出やすい場所なので毎日続けて！

1 両脚を床から15㎝ほど上げる。上体も起こして、両腕は軽く組む

2 バタ足をするように、片脚を上に上げる。逆脚は床につけないで、床から15㎝位の位置をキープ

3 バタ足の要領で左右の脚を交互に動かす。左右交互に10～15回

STEP2

V字上半身ひねり

わき腹と下腹のムダ肉をシェイプ

1 両脚を床から15㎝くらいまで上げ、脚をクロス。上体は起こして両手はお腹の前で鍵型に組む

Duke's Advice

横からみた全身の形をV字をキープすることで下腹に、上体にひねりを加えることでわき腹に効く。鍵型《かぎかた》に組んだ手を引っ張り合うことで、動きがスムーズにできるよ。床についた腰を動かさないように注意してやると効果バツグン！

2 腕を左側後方に移動。この時、左右の指を引っ張りあうと効果的

3 そして逆側も同様に。脚を安定させたまま、上体だけをひねる

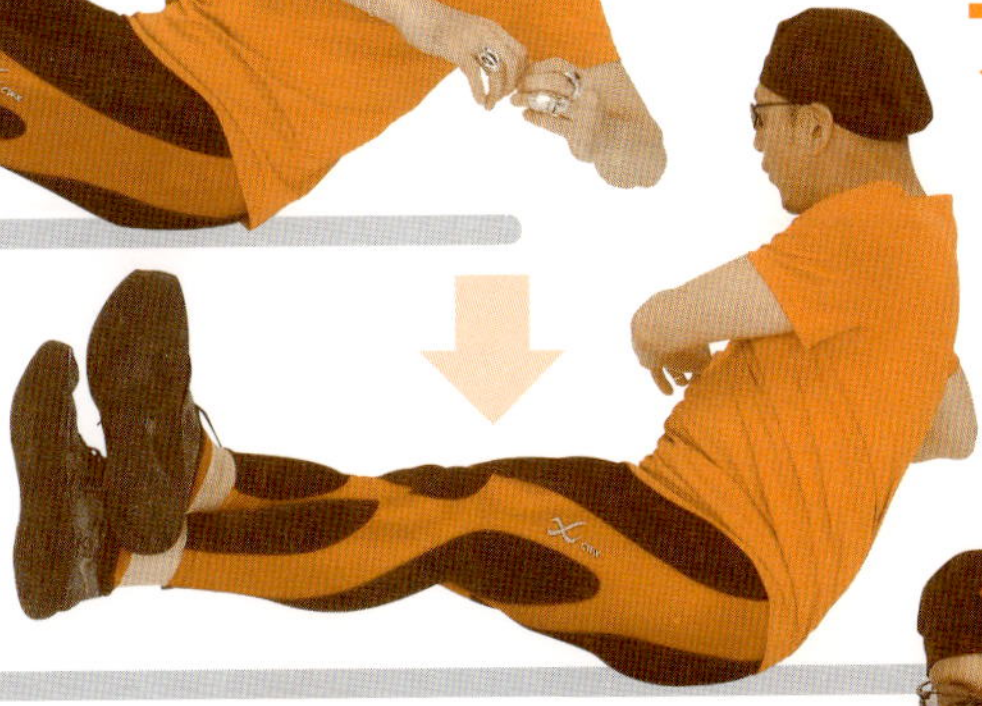

4 さらに逆側にひねる。両方向に繰り返し10～15回を目安にやる

STEP3

片脚あげエクササイズ

わき腹から脚全体がほっそり

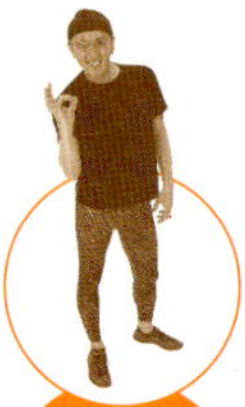

Duke's Advice

片脚あげエクササイズは、わき腹をシェイプすることができる運動。上半身を真っ直ぐに安定させるのがポイント。さらに脚を上下させることで、太ももの付け根にも効くから脚全体がスッキリ。下半身にもバッチリ効くよ！

1 横座りをして、片脚を後方に曲げ、床から10㎝くらいのところでキープ

2 上げている脚を、さらに5㎝ほど上げ下げする。片脚15～20回が目安

STEP3

背泳ぎ腹筋

体を内側から支えるガードル筋を強化

Duke's Advice

背泳ぎ腹筋は、みぞおち周辺と、背中のガードル筋にも効くよ。脚に負荷がかかっているので脚やせにも。腕を使うことで肩周辺もすっきりしてくるよ。全身を引き締める夢のような腹筋なんだけどきつい腹筋だから、1セットでもOK。

1 あお向けで両脚を床から 15 度くらい上げ、片手を頭上に振り上げる。

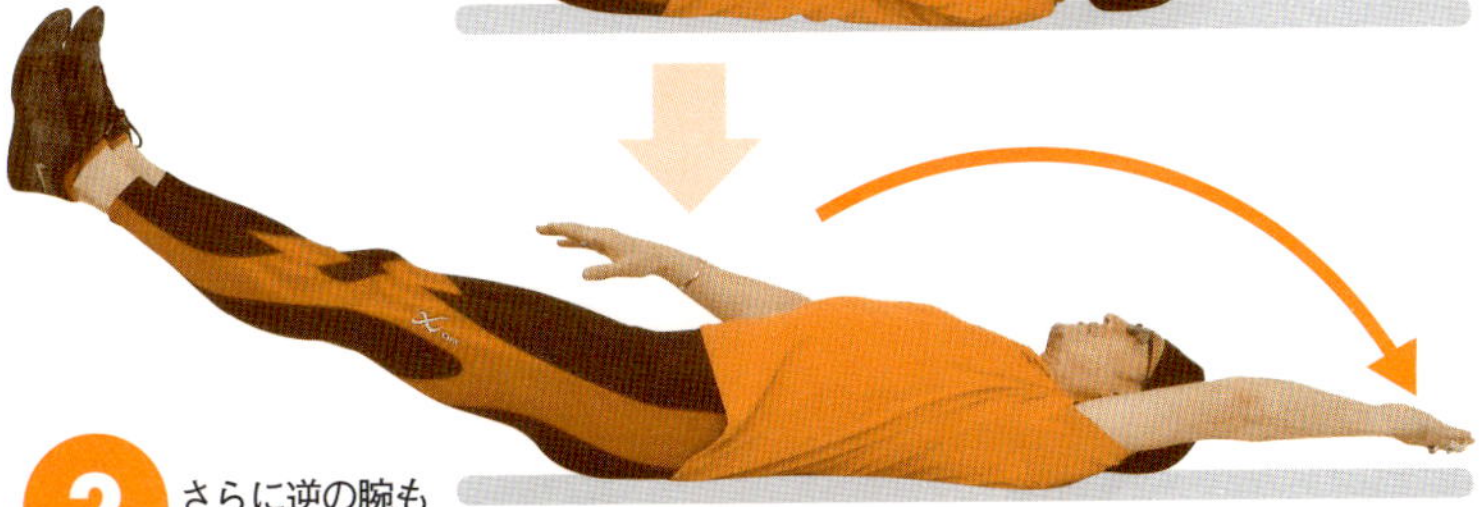

2 さらに逆の腕も同様に頭上に振り上げる。その時、床から上げた脚はキープ

3 床から 15 度に上げた脚をキープし上体を起こして片腕を振り上げる

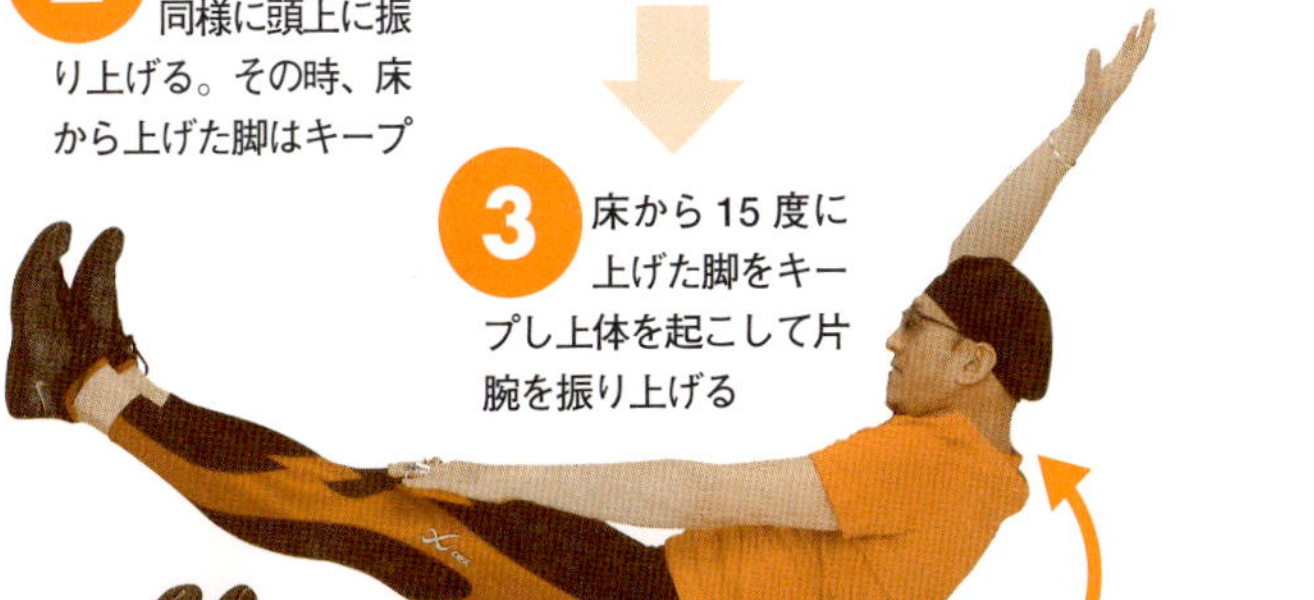

4 逆の腕も同様に。この 4 つの動きで 1 セット。3 セットを目標に

STEP3

だるま転がり腹筋

転がって、起きて、腹筋スッキリ

1 脚を肩幅よりやや広めに開き、床と垂直になるように上げて15秒キープ

2 そのまま後ろにゴロンと倒れる。この時、顔はヘソを覗《のぞ》き込《こ》むように

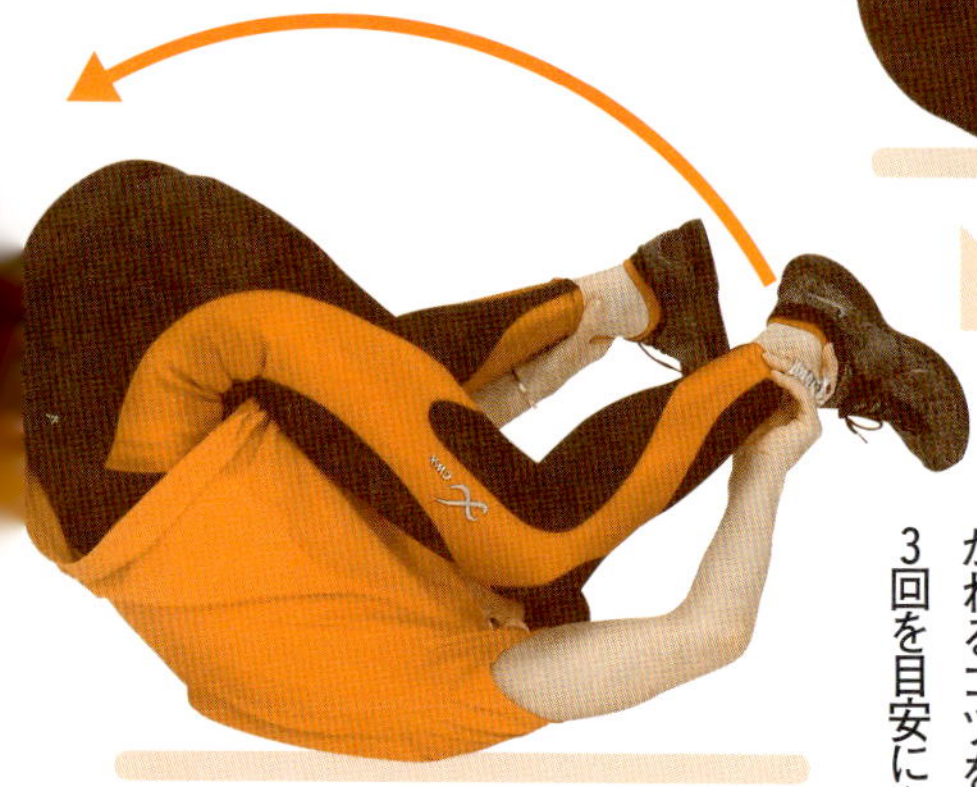

3 つま先が床につくくらい思いっきり転がる。この後反動で起き上がる

Duke's Advice

腹筋と背中の下の方にあるガードル筋に効く腹筋。ガードル筋を鍛えると天然のガードルになって、体全体を引き締めて、メリハリのあるボディをつくってくれるよ。ゴロンとうまく転がれるコツをつかんで2～3回を目安にやると効果的。

あとがき

母の死がなければ、僕がウォーキングの専門家になることはありえなかったでしょう。

12年前、僕の母は肝硬変《かんこうへん》を患い、医者から「歩きなさい」と言われました。真面目な母は、毎日朝4時半には起きて、歩くことを日課にして続けていました。しかしそれは体に良い、正しい歩き方ではなかった。そして母は、間違った歩き方のために膝を痛めて、ある日、階段から落ちてしまいました。そして自分の足では歩くことができなくなり、車椅子生活を送ることになったのです。それからみるみる元気をなくしてしまった母は、半年くらいで向こうの世界に行ってしまいました。

歩くことは、日常的でごく当たり前のことなのですが、実は正しい歩き方を知っている人は少ないのです。あの時、僕が正しい歩き方を教えていたら、母を死なすことはなかったと思い、未だに悔やんでいます。そんな後悔を胸に、日々ウォーキングの実践を重ね、理論を研究し、そして現在の僕があります。僕の母は歩くことによって、体を壊し、元気をなくし、そして死んでしまった。だから僕は、デューク流ウォーキングで、美しく健康な女性を増やすことが、母の供養《くよう》になるのだと思っています。

母の死をきっかけにウォーキングを始めて、10年。常に順風満帆《じゅんぷうまんぱん》だったわけではありません。ウォーキング教室を開くかどうか悩んでいた時に、「あなたは教えるのが上手だから大丈夫」と背中を押してくれた妻・由美子。母の死と同時に、妻のお腹の中に宿った母の生まれ変わりのような長女・小麦と、僕に元気を与えてくれる次女・クリステル紗々。そしてキレイになりたいと一生懸命努力しているウォーキング教室の生徒たち。いろんな人に支えられて、僕の10年間の成果が本にまとめられたことを大変うれしく思っています。

そしてこの本を手に取ってくれた人にも、感謝の気持ちでいっぱいです。

デューク更家

デューク更家《さらいえ》

ウォーキングドクター／体育学博士
1954 年　和歌山県生まれ
ファッションショーの演出・プロデュースから出発し、ファッションモデルのウォーキング指導を手がけるようになる。
近年は、(株) ワコールアクティブウェア事業部、資生堂や大塚製薬等の一流企業で、美や健康に関するカルチャースクール、美しい歩き方セミナーなどをプロデュース。
約 10 年前より一般人のウォーキング・レッスンを始める。
運動生理学、身体運動科学などの研究に加え、気功、ストレッチの要素を取り入れ、独自のウォーキング法を完成。
DUWAS（デュークウォーキングソサエティ）を設立する。
2001 年に「デュークズウォーキングセラピスト養成スクール」を立ち上げ、全国 2 万人の生徒の育成に力を注ぐ。
平成 14 年下半期の「社会文化功労賞」を日本文化振興会（元皇族伏見博明総裁）より授与される。
NHK 教育テレビ『おしゃれ工房』や日本テレビ系『汐留スタイル』、『おもいッきりテレビ』など
テレビ出演のほか、多くの女性誌でも活躍中。
http://www.dukeswalk.net/

1m《メートル》ウォーキング・ダイエット

二〇〇三年六月 三 日　第一刷発行
二〇〇三年十月二七日　第七刷発行

著者　デューク更家
モデル　龍岡まき
写真　大坪尚人（講談社写真部）
ヘアメイク　前守恒弥（ヘアディメンション）
イラスト　西島尚美
構成　天野より子
デザイン　太田デザイン事務所
衣装協力　ワコール（P19〜P23）

発行者——野間佐和子　発行所——株式会社講談社
東京都文京区音羽二丁目一二—二一　郵便番号一一二—八〇〇一
電話　編集〇三—五三九五—三五三二　販売〇三—五三九五—三六二五　業務〇三—五三九五—三六一五
印刷所——凸版印刷株式会社　製本所——凸版印刷株式会社
落丁本・乱丁本は購入書店名を明記のうえ、小社書籍業務部あてにお送りください。送料小社負担にてお取り替えします。
なお、この本の内容についてのお問い合わせは生活文化第四出版部あてにお願いいたします。
ISBN4-06-274113-X
定価はカバーに表示してあります。